György Boytha

Das Urheberrecht der Ungarischen Volksrepublik

Schriftenreihe der UFITA Heft 49

Archiv für Urheber-, Film-, Funk- und Theaterrecht

Herausgegeben von Dr. jur. Georg Roeber, München

Das Urheberrecht der Ungarischen Volksrepublik

Von

Dr. György Boytha

Budapest

1974

J. Schweitzer Verlag · Berlin

ISBN 3 8059 0385 5

Satz und Druck: Georg Wagner, Nördlingen, Buchbinder: Mikolai, Berlin.

Inhaltsverzeichnis

I. Geschichtlicher Rückblick

1. Entstehung des ungarischen Urheberrechts

Bereits 23 Jahre nach der Mainzer Geburt der Buchdruckerkunst errichtete der Renaissancekönig Matthias Corvinus in Ofen die erste ungarische Druckerei. Durch seinen Gesandten in Rom ließ er von dort den Buchdrucker Andreas Hess nach Ungarn einladen. Nach seiner Umsiedlung hat Hess unverzüglich für die Weiterverpflanzung der Erfindung Gutenbergs nach Ungarn gesorgt und dem König in 1473 das erste mit beweglichen Lettern gesetzte ungarische Druckerzeugnis, die lateinisch verfaßte „Ofner Kronik" vorgelegt. Das Datum ist erwähnenswert, wenn man beachtet, daß die erste Druckerei in England nur drei Jahre später, in Wien sogar erst 1483 enstand.
Der Verbreitung des Druckgewerbes folgte auch in Ungarn die Entstehung des Systems der Druckprivilegien. So ist zum Beispiel bekannt, daß im XVI. Jahrhundert der Hochschule in Nagyszombat vorerst zum Druck von Lehrbüchern, dann auch zur Herausgabe des Corpus Juris ausschließliches Recht erteilt wurde. Das königliche Privilegium sah wegen unerlaubten Nachdrucks eine Geldstrafe von 10 Goldmark vor.
Gegen Ende des XVIII. Jahrhunderts entstand notwendigerweise auch in Ungarn das Verlangen nach einer mehr allgemeineren Form der Regelung des Nachdruckverbotes. Adám *Takáts* reformierter Prediger hat sich in 1793 bei Kaiser Franz (zugleich ungarischem König) beschwert, daß sein gedrucktes Werk ohne jedwede Genehmigung von einem anderen Drukker in Pest nachgedruckt werden konnte. Auf sein Gesuch hin entstand noch im selben Jahre die königliche Verordnung Nr. 12157, welche unter Androhung von Geldstrafe in Ungarn den Nachdruck generell verboten hat; für den Fall einer Umgehung dieses Verbotes verpflichtete die Verordnung auch zum Schadenersatz zu Gunsten des Autors. Dieser königliche Schutz wurde durch eine weitere Verordnung Nr. 14059 Anfang 1794 auf Gegenseitigkeitsbasis auch auf die Gebiete von Österreich und seinen Ländern erstreckt.
Diese, letzten Endes auf Privilegien der Drucker beruhende Regelung konnte gegen Mitte des XIX. Jahrhunderts den sich ständig entwickelnden Ansprüchen der Verleger und Autoren nicht mehr gerecht werden. Die fortschreitende bürgerliche Entwicklung verlangte nach mehr Marktfreiheit und war auch in Ungarn gegen Gewerbemonopolien gerichtet. Die umfas-

sende ungarische Reformbewegung der dreißiger und vierziger Jahre des XIX. Jahrhunderts hatte auch Versuche zur Gestaltung eines ungarischen Urheberrechts zur Folge. Die ersten theoretischen Überlegungen standen unter dem Einfluß der englisch-französischen Eigentumskonzeption, die auch als Grundlage für das damals jüngste europäische Urheberrechtsgesetz, für das preußische Gesetz aus 1837 diente. Der Verfasser jedoch des ersten ungarischen Gesetzentwurfes über die Rechte auf dem Gebiet der Literatur und Kunst, welches in 1844 dem Parlament vorgelegt wurde, hat sich der Eigentumstheorie bereits losgelöst und versucht, der ungarischen Urheberrechtsentwicklung eine in vieler Hinsicht selbständige und fortschrittliche Grundlage zu verschaffen.
In seinen begründeten Ausführungen zum Gesetzentwurf aus 1844 schrieb Bertalan *Szemere*, später Minister und Ministerpräsident: „... es stellt sich die große Frage, ob das Recht der Schriftsteller wohl so ein Eigentum wäre, wie irgend ein anderes Eigentum? Es scheint von der Lösung dieser Frage abhängig zu sein, ob es hinsichtlich seines Inhaltes als ewiges oder provisorisches erklärt werden soll ... Ich aber will mich mit alldem nicht auseinandersetzen, ... nachdem wir hier nicht auf dem Gebiet der Wissenschaft, sondern auf jenem der Gesetzgebung stehen, und wenn auch die Philosophie Mutter der Gesetzgebung sei, ist dieses doch so ein Kind, welches immer unter dem Einfluß der Zeit und der Umstände emporwächst." Anstatt theoretische Gründe anzuführen, argumentierte *Szemere* mit Fakten der industriellen Entwicklung der Werknutzung. Er schlug eine Schutzfrist von 50 Jahren p. m. a. vor, was damals im Vergleich zu den niedrigen Schutzfristen der Gesetze der entwickelten Industrieländer ebenfalls eine zukunftsträchtige Initiative war.
Der Gesetzentwurf von Szemere wurde von beiden Häusern des ungarischen Parlaments gutgeheißen, vom König aber nicht sanktioniert. In Wien arbeitete man bereits an einem Erlaß, welcher das Urheberrecht für das ganze Gefüge des Reichs einheitlich regeln sollte. In 1846 wurde er auch verkündigt, die Bemühungen um sein Inkraftsetzen in Ungarn scheiterten jedoch an den Wogen des ungarischen Freiheitskampfes gegen Österreich. Er wurde erst nach der Niederlage Ungarns (1849) und, anstatt des vom Parlament gebilligten Entwurfes von Szemere, 1852 dem Land aufgezwungen.
Der kaiserliche Urheberrechtserlaß blieb jedoch nur bis 1861 in Kraft, dann wurde er von den „Provisorischen Regeln der Rechtsprechung" der auf Grund eines kaiserlichen Manifestes zusammengetretenen Judexkurialkonferenz durch eine lapidare These abgelöst. Nunmehr bestand das ungarische Urheberrecht aus dem einzigen Satz: „Die Geburten der Vernunft sind ebenfalls Eigentum, das unter dem Schutz des Gesetzes

steht." Das bedeute zwar eine vorübergehende Rückkehr zur Eigentumstheorie, zugleich aber die eindeutige Zuordnung des Urheberschutzes der Zuständigkeit der Zivilgerichte.
Die mangelhafte Regelung des ungarischen Urheberrechts wurde besonders nach der Ratifizierung des bilateralen Urheberrechtsabkommens zwischen Österreich-Ungarn und Frankreich, aus dem Jahre 1866 spürbar. Den von der französischen Gesetzgebung gestellten Schranken stand ein unbegrenzter Schutz französischer Werke in Ungarn entgegen.
Nach dem Ausgleich mit Österreich (1867) wurde das Bestreben nach einem nationalen Urheberrechtsgesetz wieder wach. Verschiedene Gesellschaften der Autoren ergriffen die Initiative, es enstanden mehrere Gesetzesvorschläge. Vorerst wurde aber die gesonderte Regelung des **Verlagsgeschäftes** unter Dach gebracht. Der zunehmenden industriellen Entwicklung entsprechend schuf sich Ungarn im Jahre 1875 ein Handelsgesetzbuch, in dessen Rahmen 19 Paragraphen dem Verlagsvertrag gewidmet waren. Diese Paragraphen haben kein Vorbild im deutschen Handelsgesetzbuch, an welches sich das ungarische Gesetz ansonsten anlehnte. Der Vorrang der Verlegerinteressen ist in den einschlägigen Regeln deutlich erkennbar: Die Zahlung einer Autorengebühr war kein gesetzlicher Inhalt des Vertrages; neben dem Rücktritttsrecht des Verlages stand dem Autor kein Recht zur Auflösung des Vertrages zu, usw. Das Fehlen eines Urheberrechtsgesetzes war wieder spürbar geworden: Die Regelung des Verlagsgeschäftes wurde in der Literatur als ein Fall filius ante patrem bezeichnet.
Der Entwurf, dem es beschieden war, am Ende Gesetz zu werden, stammt aus der Feder von László *Arany*, dem Sohn des großen ungarischen Dichters János *Arany*. Als Vorbild diente damals schon das deutsche Urheberrechtsgesetz aus 1870. Im Hinblick auf den bereits zitierten Satz der Judexkurialkonferenz entflammte noch einmal eine theoretische Debatte über das Wesen des Urheberrechts, die zur endgültigen Ablehnung der Eigentumstheorie führte. Gyula *Kováts* verwies in 1879 entschieden auf den persönlichen Charakter des Urheberrechts und auf die daraus folgende Unveräußerlichkeit desselben.
Das erste ungarische Urheberrechtsgesetz Nr. XVI vom Jahre 1884 folgte demgemäß nicht mehr der englisch-französischen Eigentumstheorie, verblieb jedoch immer noch in vermögensrechtlichem Rahmen. Im Laufe der Vorarbeiten wurden am Entwurf auch solche Änderungen durchgeführt, die das Gesetz vom ursprünglichen deutschen Vorbild entfernt haben. Die Schutzfrist wurde als Ergebnis der Parlamentsdebatte in 50 Jahren p. m. a. festgelegt.

2. Die bürgerliche Entwicklung des ungarischen Urheberrechts

Nachdem sich Ungarn entschlossen hatte, der damals letztgültigen Berliner Fassung der Berner Übereinkunft beizutreten, ist eine Neukodifizierung des ungarischen Urheberrechts unumgänglich geworden. Die Regeln des ersten Gesetzes mußten mit den Verfügungen der Berner Übereinkunft in Einklang gebracht werden. Zugleich ist aber eine neue Regelung auch durch die urheberrechtlich relevante technische Entwicklung aktuell geworden. So stellten sich z. B. ungelöste Fragen im Zusammenhang mit der mechanischen Übertragung von Werken, der Aufzeichnung von Leistungen ausübender Künstler, mit dem Film usw. **Das neukodifizierte Urheberrecht wurde im Gesetz Nr. LIV vom Jahre 1921** verkündet. Der Berner Übereinkunft ist Ungarn gleich darauf, im Jahre 1922, beigetreten.

Das Gesetz aus 1921 baute auf keinem allgemeinen Begriff des Urheberrechts auf: es regelte den Schutz nach Werkgattungen in gesonderten Kapiteln. Nachdem das Gesetz den Urhebern auf einzelne Nutzungsarten bezogene konkrete Verwertungsrechte gesichert hat, kam den Urhebern hinsichtlich jener Nutzungsarten kein Schutz zu, die vom Gesetz nicht ausdrücklich erfaßt worden sind. So gab es zum Beispiel keinen urheberrechtlichen Schutz gegen öffentliche Vorträge von Schriftwerken. Die technische Entwicklung führte alsbald zu weiteren Gesetzeslücken. Die Rechtsprechung suchte sich durch Analogien zu helfen; so hat z. B. das damalige Oberste Gericht das Senderecht vom Verbot der „unerlaubten Übertragung auf mechanischen Aufführungen dienende Geräte" abgeleitet (Kuria, P. I. 1333/1935).

Als anderer bedeutender Mangel erwies sich bald, daß das Gesetz vermögensrechtlich orientiert war und nur wage Ansätze zur Anerkennung persönlichkeitsrechtlicher Belange gewährte. Nachdem Ungarn in 1931 die Romfassung der Berner Übereinkunft ratifizierte, hat die Judikatur die persönlichkeitsrechtliche Lücke des Gesetzes durch eine Entscheidung prinzipieller Bedeutung geschlossen, wonach die wichtigsten urheberrechtlichen Persönlichkeitsrechte dem Autor und seinen Erben auch dann bis zum Ablauf der Schutzfrist zuerkannt worden sind, wenn – wie die Entscheidung formulierte – das Urheberrecht veräußert wurde (Kuria, P. I. 348/1932). Das oberste Gericht ging also weiter, als dies im Artikel 6bis der Romfassung verlangt wurde, wo der persönlichkeitsrechtliche Schutz nur für die Person des Urhebers gesichert ist.

Mit der Zeit wurde immer mehr auch das Fehlen von Gesetzesregeln spürbar, welche die Urheberinteressen im Laufe des Abschlusses von Nutzungsverträgen wahren sollten. Betreffend das Verlagsgeschäft blieb es

bei den erwähnten, oft einseitigen Regeln des Handelsgesetzbuches. Im übrigen wurden die Urheber im Zuge der Verwertung ihrer Rechte den allgemeinen privatrechtlichen Regeln des Obligationsrechts überlassen, die aber auf die Besonderheiten des Urhebervertragsrechts überhaupt keine Rücksicht nehmen und in der Praxis der tatsächlich günstigeren Position des wirtschaftlich stärkeren Partners, in der Regel des Werknutzers, zur Geltung verhalfen. Das Urheberrechtsgesetz vom Jahre 1921 wollte die Unternehmens- und Vertragsfreiheit keineswegs durch besondere Schutzregeln beeinträchtigen und beschränkte sich darauf, dem Autor nach Ablauf von fünf Jahren die Kündigung solcher Verträge zu sichern, durch welche er die Rechte seiner sämtlichen zukünftigen Werke im voraus übertragen hat.
Es ist also verständlich, daß sich bereits in den dreißiger Jahren urheberrechtliche Reformbestrebungen meldeten. Die damalige politische Atmosphäre und der Zweite Weltkrieg begünstigten aber keineswegs eine fortschrittliche Neuregelung. Es ist bezeichnend, daß der bedeutendste Reformentwurf aus der Feder von Elemér *Balás* erst 13 Jahre nach seiner Entstehung, im Jahre 1947 veröffentlicht werden konnte. Sein Verfasser setzte sich für die persönlichkeitsrechtliche Auffassung des Urheberrechts ein und wollte – unter anderem – schon damals einen Schutz *sui generis* den ausübenden Künstlern gewähren, die auf Grund des Gesetzes als Bearbeiter-Urheber gewertet waren.
Die gesellschaftliche Entwicklung stellte aber inzwischen wieder neue Probleme, und die Neuregelung des ungarischen Urheberrechts erfolgte dann in mehreren Phasen, im Rahmen der sozialistischen Neugestaltung des gesamten ungarischen Rechtssystems.

3. Die sozialistische Gestaltung des ungarischen Urheberrechts

a) Verfassungsmäßige Grundlagen 1949

Der entscheidende Wandel der sozialökonomischen Verhältnisse Ungarns wurde nach dem Krieg mit der Nationalisierung des überwiegenden Teils der Produktionsmittel durch die Staatsmacht des arbeitenden Volkes erzielt. Die Verfassung der Ungarischen Volksrepublik aus dem Jahre 1949 konnte bereits verkünden, daß der Großteil der Produktionsmittel als gesellschaftliches Eigentum im Eigentum des Staates, der öffentlichen Anstalten und der Genossenschaften steht, daß in Ungarn konsequent die sozialistische Ordnung der Wirtschaft aufgebaut wird, daß die Grundlage der Gesellschaftsordnung der Ungarischen Volksrepublik die Arbeit sei und hinsichtlich Verteilungsmodus die Verwirklichung des sozialistischen Prinzips „jeder nach seinen Fähigkeiten, jedem nach seiner Leistung" angestrebt wird (§ 4; § 9 Abs. 1 und 2). In diese Grundlagen der sozialökonomischen Ordnung eingebettet, heißt es dann im § 53 der Verfassung, daß die Ungarische Volksrepublik die der Sache des werktätigen Volkes dienende wissenschaftliche Tätigkeit wie auch die das Leben, die Kämpfe des Volkes, die Wirklichkeit darstellende, den Sieg des Volkes verkündende Kunst wirksam unterstützt und die Entwicklung der dem Volke treuen Intelligenz mit allen verfügbaren Mitteln fördert.

b) Schaffung des Urhebervertragsrechts und Rechtsprechung 1951 bis 1969

Die Reform des genormten ungarischen Urheberrechts stützte sich auf diese, in der Verfassung zusammengefaßte Basis und begann mit der Erkenntnis, daß der wesentliche, zum Schaffen anregende Urheberschutz in der Sicherung jener Urheberinteressen gipfelt, die mit der Nutzung der Werke verbunden sind. Die Interessen des schaffenden Urhebers und der auf seine Werke Anspruch erhebenden Gesellschaft können nur unter Berücksichtigung des Werknutzungsprozesses beruhigend in Einklang gebracht werden.

Die ersten Konsequenzen dieser Erkenntnis wurden kurz nach der Verstaatlichung und Neuorganisierung der Verlage gezogen. Eine Verordnung des Ministerrates vom Jahre 1951 (Nr. 98/1951./IV. 21./M. T.) regelte ausführlich die Fragen des Verlags von Schriftwerken. Sie machte die Vereinbarung einer Urhebergebühr zum wesentlichen Inhalt des Verlagsvertrages, beschränkte die längste Vertragsdauer auf vier Jahre von der Übernahme des vollendeten Manuskripts gerechnet und sicherte dem Urheber für den Fall der Nichterfüllung der Verpflichtung zur Herausgabe des angenommenen Manuskripts nach Ablauf der vereinbarten Erscheinungsfrist entsprechendes Recht zur Auflösung des Vertrages, nebst Anspruch auf das volle Honorar.

Die vor dem Inkrafttreten dieser Verordnung geschlossenen Verlagsverträge durften ebenfalls nur vier Jahre lang weitergelten, vorausgesetzt jedoch, daß der Urheber nach Ablauf dieser Frist noch am Leben war. Somit konnten die lebenden Urheber wieder über jene Rechte verfügen, die sie seinerzeit ein für allemal, nicht selten gegen einen einmaligen Betrag ihrem Verleger eingeräumt haben.

In den Jahren 1958 und 1964 wurden durch Verordnungen des Ministers für Bildungswesen auch die den Urhebern für die Herausgabe ihrer Werke zu zahlenden **Gebühren** durch Festsetzung unterer und oberer Grenzen bestimmt. Im Laufe der Fünfziger Jahre regelten besondere Verordnungen den Verlag von Lehrbüchern, die Vervielfältigung graphischer Werke und auch die Urhebergebühren für fremdsprachige Ausgaben, die von ungarischen Verlagen veranstaltet wurden.

Die urheberrechtlichen Probleme im Zusammenhang mit den immer häufiger werdenden, zusammengesetzte Programme darbietenden Aufführungen wurden durch Gesetzesverordnungen geregelt. Im Jahre 1968 verfügte der Minister für Bildungswesen in einer Anordnung auch über die Bedingungen und Gebührenstärke der Verträge betreffend Schaffung und öffentliche Aufführung von Bühnenwerken.

Auf den Gebieten, wo kein neues genormtes Recht geschaffen wurde, kam der Rechtsprechung besondere Bedeutung zu. Das alte Gesetz aus 1921 mußte unter den gewandelten sozialökonomischen Verhältnissen, in einer auch der fortschreitenden technischen Entwicklung gerechtwerdenden Weise angewandt werden. Mehrere Regeln des neuen Urheberrechtsgesetzes haben ihre Wurzeln in der Spruchpraxis jener Jahre[1].

c) Gründung des Büros zur Wahrung der Urheberrechte 1952

Das im Ausland unter dem Kurznamen ARTISJUS bekannte ungarische Büro zur Wahrung der Urheberrechte wurde mit Sitz in Budapest durch Verordnung Nr. 106/1952 des Ministerrats ins Leben gerufen, „im Interesse der intensiveren Sicherung des Schutzes der Urheberrechte", wie es in Art. 1 dieser Verordnung heißt.

Eine der ersten Aufgaben des neu gegründeten Büros war die zentrale Neuorganisierung der Verwertung der musikalischen Aufführungsrechte, der mechanischen Rechte und der Bühnenaufführungsrechte sowie die Erhebung, planmäßige Verteilung und Ausschüttung der Vergütungen. Darüber hinaus mußte das Büro auch allen anderen Anforderungen an den Urheberrechtsschutz gerecht werden. Honoraransprüche der Autoren können sowohl außergerichtlich als auch vor Gericht vom Büro geltend gemacht werden; den Prozeß kann das Büro im eigenen Namen führen.

Das Büro beteiligt sich an den jeweiligen Vorarbeiten zur Weiterentwicklung des ungarischen Urheberrechts.

---

[1] Über die wichtigsten Urteile dieser Periode siehe besonders **Palágyi**, A magyar szerzöi jog ... S. 271 bis 296, ferner seine *Lettres de Hongrie* in Le Droit d'Auteur.

Besonders wichtig erwies sich bald die Tätigkeit des Büros ARTISJUS in internationaler Sicht. Es hat mit der Mehrzahl der ausländischen Verwertungsgesellschaften Gegenseitigkeitsverträge abgeschlossen und ist Mitglied des Bureau International de l'Edition Mécanique (BIEM). Zu erwähnen ist seine Mitgliedschaft in der CISAC, es hat seinen Sitz im Conseil d'Administration und ist zur Zeit auch im Bureau Exécutif vertreten.
Sämtliche aus dem internationalen Rechtsschutz erwachsenden Aufgaben fielen *ipso iure* ARTISJUS zu, sowohl die praktische Durchführung der internationalen Urheberrechtsabkommen, als auch die Teilnahme an den Vorbereitungen der Revisionen solcher Abkommen und am Abschluß neuer Übereinkommen betreffend das Urheberrecht.
Seiner Tätigkeit legte auch ARTISJUS die Erkenntnis zu Grunde, daß dem Urheber der Schutz über die Fälle der rechtswidrigen Nutzungen hinaus auch bei der gewöhnlichen Verwertung seiner Rechte gewährt werden muß. Dies gilt vor allem für Fälle der internationalen Rechtsverwertung. Dementsprechend entwickelte sich im Laufe der Jahre bei ARTISJUS der Rechtsschutz auch in Form von vermittelnder Tätigkeit beim Abschluß von Verwertungsverträgen im Bereich der sogenannten „große Rechte", bei denen die Einräumung der Nutzungsrechte von Fall zu Fall ausgehandelt und vereinbart werden muß. Dieser Art des Rechtsschutzes kam in Ungarn im Zusammenhang mit der Neuschaffung des Urhebervertragsrechtes besondere Bedeutung zu, da die Urheber ihre „Auslandsrechte" in der Regel nicht mehr ihrem ungarischen Verlag einräumen, sondern diese fortan von ihnen selbst wahrgenommen werden. Gemäß Art. 9 der vorerwähnten Verordnung des Ministerrats, ferner auf Grund von Bestimmungen der Verordnung betreffend den Außenhandel Nr. 1/1960 (V. 10. KKM) fiel ARTISJUS die Vertretung sämtlicher ungarischer Autoren und ihrer Rechtsnachfolger bei ihren Abschlüssen betreffend die Erteilung von Nutzungsrechten nach dem Ausland zu. ARTISJUS vermittelt ferner bei allen Verträgen, durch die Nutzungsrechte ausländischer Berechtigter in Ungarn verlangt werden und sorgt auch für die Wahrung der Rechte ausländischer Lizenzgeber. Es überwacht die gegenseitige Erfüllung der Verträge und sichert den Ausländern wie den einheimischen Autoren die ihnen auf Grund der Verträge zustehenden Erlöse[2].

---

[2] Hinsichtlich Neuregelung der mitwirkenden Tätigkeit des Büros zur Wahrung der Urheberrechte bei internationalen Vertragsschlüssen siehe unter VII. Ziffer 2 b.

d) Schaffung des Gesetzes Nr. III. von 1969 über das Urheberrecht

Der Gestaltung des neuen Urheberverwertungsrechts folgte verhältnismäßig spät die Schaffung eines neuen, den gewandelten sozialökonomischen Verhältnissen gerecht werdenden Urheberrechtsgesetzes. Dieses Gesetz sollte nicht nur den Ergebnissen der in verschiedenen Verordnungen nachweisbaren Rechtsentwicklung den Rang der höchsten Rechtsquelle verleihen, sondern auch darüber hinaus den Stoff des ungarischen Urheberrechts wesentlich umformen. Es brauchte also Zeit, um entsprechend vorbereitet zu werden.

Die Vorbereitung des neuen Urheberrechtsgesetzes wurde zunächst wegen der Kodifikationsarbeiten am ungarischen Zivilgesetzbuch hinausgeschoben. Es wäre verfrüht gewesen, die Rechtsverhältnisse der Urheber zu regeln, solange die Vorschriften des Zivilgesetzbuches – welches als background-Recht auch in Urheberangelegenheiten maßgebend ist – noch nicht ihre endgültige Formulierung erhalten haben. Gleich im Jahre der Verkündung des Zivilgesetzbuches wurde aber unverzüglich eine gemeinsame Arbeitsgruppe vom Justizministerium und vom Ministerium für Bildungswesen zur Vorbereitung des neuen Urheberrechtsgesetzes eingesetzt. Nach Auswertung der einheimischen Gerichtspraxis und nach eingehender rechtsvergleichender Analyse hat diese Arbeitsgruppe die grundlegenden Fragen der sozialistischen Regelung des Urheberrechts aufgearbeitet und im Sommer 1961 die wichtigsten Thesen eines neuen Gesetzes den verschiedenen Interessenvertretungen der Urheber vorgelegt. Unter Berücksichtigung der Stellungnahmen dieser gesellschaftlichen Organe wurde der erste Textentwurf 1962 erstellt. Diese Fassung löste in interessierten Kreisen lebhafte Diskussion aus, vor allem wegen der ursprünglich vorgeschlagenen Herabsetzung der Schutzdauer. Inzwischen wurden die Vorbereitungen auf die Stockholmer Revisionskonferenz der Berner Union in die Wege geleitet, was wiederum eine Zurückstellung der Reformarbeiten am Urheberrecht zur Folge hatte: Ungarn wollte die Ergebnisse der Revision der Berner Konvention im neuen Gesetz berücksichtigen. Nach Stockholm entstanden noch mehrere diskutierte Fassungen, bis dann im Frühjahr 1969 der Gesetzentwurf ausgearbeitet wurde, den der Minister für Bildungswesen dem Parlament unterbreitet hat. Dies geschah gleichzeitig mit der Vorlegung des Gesetzentwurfes über die Neuregelung des Patentschutzes von Erfindungen, welcher dann als Gesetz Nr. II. aus 1969 verabschiedet wurde. Somit kam es auf beiden großen Gebieten der geistigen Schöpfungsarbeit in einem Zuge zur Ablösung der alten Gesetze.

Vor der Plenarsitzung wurde der Entwurf des neuen Urheberrechtsgesetzes in einer gemeinsamen Sitzung verschiedener Kommissionen des Parlaments erörtert. Daraufhin hat das Parlament noch einige Ergänzungen bzw. Änderungen des Entwurfs beschlossen. So wurde zum Beispiel dem ersten Paragraph die Bestimmung hinzugefügt, wonach die Ungarische Volksrepublik die Einrichtungen unterstützt, deren Aufgabe die Anregung schöpferischer Arbeit und die Förderung der gesellschaftlichen Nutzung von Urheberschöpfungen ist. Durch diese Einleitungsbestimmung wurden die Rechtsverhältnisse der Urheber in das Gesamtsystem der von den oben angeführten Artikeln der Verfassung bestimmten gesellschaftlichen Zusammenhänge eingebettet.

II. Das normative Urheberrecht

1. Rechtsquellen: Das neue Kodifikationswerk

Das neue Gesetz Nr. III von 1969 über das Urheberrecht (URG) ist am 1. Januar 1970 in Kraft getreten[3]. Im Gesetz wird das neue ungarische Urheberrecht in vier Teilen geregelt. Der **erste Teil** enthält die Allgemeinen Bestimmungen, wo in drei Abschnitten das subjektive Urheberrecht, die darin enthaltenen, der Person anhaftenden nichtvermögensrechtlichen und die vermögensrechtlichen Rechte gestaltet wurde. Gleich darauf folgt die Synchronisierung des subjektiven Urheberrechts mit den gesellschaftlichen Interessen durch Festsetzung der Schranken des Urheberrechts. Im V. Abschnitt wird das subjektive Urheberrecht in seiner Ausübung erfaßt, durch grundlegende Regelung der Nutzungsverträge, in deren Rahmen das Zusammenwirken des Urhebers mit den mit der Zuführung seines Werks an die Gesellschaft beauftragten Werknutzern verwirklicht wird. Somit wird im ersten Teil das ungarische sozialistische subjektive Urheberrecht in allgemeiner Form, sowohl seine Statik als auch seine Dynamik berücksichtigend, ausgebaut. Die besonderen Bestimmungen betreffend die wichtigsten Werkgattungen folgen im **Zweiten Teil,** in den Abschnitten VI bis X. Der **Dritte Teil** befaßt sich in zwei Abschnitten mit dem Schutz von verwandten Schutzrechten, und im **Vierten Teil** werden schließlich in den Abschnitten XIII und XIV die Folgen der Verletzung der im Gesetz geregelten Rechte festgelegt, eine Körperschaft urheberrechtlicher Sachverständigen ins Leben gerufen und Bestimmungen über das Inkrafttreten und die Durchführung des Gesetzes getroffen. Das Gesetz besteht aus insgesamt 56 Paragraphen.
Für den Vollzug des Gesetzes sorgt die Regierung durch den Minister für Bildungswesen, der seine *allgemeine Durchführungsverordnung unter Nr. 9/1969. / XII. 29. / M. M.* erlassen hat (DurchfVO). § 56 Abs. 3 URG folgend, verkündete der Minister für Bildungswesen noch eine Reihe von

---

[3] Verkündet im ungarischen Amtsblatt „Magyar Közlöny" von 26. April 1969, S. 289 ff. Text der Begründung des Gesetzes veröffentlicht im Amtsblatt des Justizministerium „Igazságügyi Közlöny" 10. Juni 1969. S. 116 ff. Deutsche Übersetzung des Gesetzes und der einschlägigen Bestimmungen der DurchfVO siehe im vorliegenden UFITA-Band S. 99 ff.

Verordnungen über die im Gesetz nicht geregelten Bedingungen der Nutzungsverträge und den Urhebern zu zahlenden Vergütungen:
Nr. 1/1970. / III. 20. / MM über die Bedingungen der Verlagsverträge und die Urhebergebühren (VerlagsVO)
Nr. 2/1970. / III. 20. / MM über die Bedingungen der Verträge betreffend Nutzung von Bühnenwerken und die Urhebergebühren (BühnenVO)
Nr. 3/1970. / III. 20. / MM über die Verträge betreffend Komponieren von Musikwerken und deren erste öffentliche Aufführung
Nr. 5/1970. /VI. 12. / MM über die Bedingungen der Nutzungsverträge des Ungarischen Hör- und Fernsehfunks und die Honorierung der Urheber (FunkVO)
Nr. 6/1970. / VI. 24. / MM über die Bedingungen der Nutzungsverträge betreffend Werke der angewandten Graphik und die Gebühren der Urheber
Nr. 7/1970. / VI. 24. / MM über die Bedingungen der Nutzungsverträge betreffend Kleinplastik, Medaillen und Plaketten
Nr. 8/1970. / VI. 24. / MM über die Bedingungen der Nutzungsverträge betreffend Kunstfotos und die Urhebergebühren
Nr. 9/1970. / VI. 25. / MM über die Bedingungen der Nutzungsverträge betreffend Werke der Kunstgewerbe und der industriellen Entwurfskunst und die Urhebergebühren
Nr. 10/1970. / VI. 25. / MM über die Bedingungen der Nutzungsverträge betreffend Bildgraphische Werke und die Urhebergebühren
Nr. 12/1970. / VI. 30 / MM über die Bedingungen der Verfilmungsverträge und die Honorierung der Urheber (FilmVO)
Nr. 6/1972. / VIII. 19. / MM über die Bedingungen der Verträge bezüglich der Herausgabe musikalischer Werke, über sonstige Verträge im Zusammenhang mit dem Musikverlag sowie über die Honorierung der urheberischen und sonstigen Tätigkeit
Die Verordnungen über die Nutzungsverträge sind rückwirkend zum 1. Januar 1970 in Kraft getreten, bis auf die FilmVO, die an dem Tag ihrer Verkündung, also mit dem 30. Juni 1970 und die Verordnung über den Musikverlag, die mit dem 19. August 1972 in Kraft gesetzt wurde. Die Verordnungen finden auf Verträge Anwendung, die nach ihrem Inkrafttreten abgeschlossen sind. Sie enthalten praktisch das ganze, den ungarischen sozialökonomischen Verhältnissen angepaßte Urhebervertragsrecht. Die Urhebergebühren sind, meistens zwischen unteren und oberen Grenzen, jeweils im Anhang zu den einzelnen Verordnungen, nach Werkgattungen bzw. Nutzungsarten geordnet spezifiziert.
Diese Verordnungen sind auf Verträge mit Ausländern nicht anzuwenden: der Inhalt solcher Verträge richtet sich nach den internationalen Gepflogenheiten und kann frei vereinbart werden. (Auf die wichtigsten Regeln

des ungarischen Urhebervertragsrechtes wird im weiteren immer im Zusammenhang mit den einschlägigen Verfügungen des URG und der Durchführungsverordnungen Bezug genommen.)
Mit dem Inkrafttreten des neuen URG, der DurchfVO, und der Verordnungen über die Nutzungsverträge wurden das alte Gesetz Nr. LIV von 1921, die das Verlagsgeschäft regelnden, bis dahin aufrechterhaltenen Paragraphen des Handelsgesetzbuches Nr. XXXVII von 1875 und alle vorherige, das Urhebervertragsrecht regelnde Gesetzesverordnungen bzw. Verordnungen und Anordnungen außer Kraft gesetzt.
Das somit entstandene neue Kodifikationswerk ist also eine Gesamtheit von koordinierten, miteinander eng zusammenhängenden Rechtsquellen, die vom Rumpf des Urheberrechtsgesetzes über die allgemeine Durchführungsverordnung auf alle Gebiete der urheberrechtlichen Praxis auseinanderzweigen. Das Gesetz enthält die grundlegenden und mehr allgemeinen Bestimmungen über die ihre Werke betreffenden Rechtsverhältnisse der Urheber. Es ist jedoch kein bloßes Rahmengesetz, welches etwa die konkrete Regelung der Rechtsverhältnisse Durchführungsverordnungen überlassen würde: es enthält auch selbst eine Reihe Verhaltensnormen. Durch die einzelnen Verordnungen werden nicht fehlende Gesetzesbestimmungen nachgeholt, sondern bestehende erweitert, entfaltet und konkretisiert. Die Durchführungsverordnungen sind daher niemals in sich allein, sondern jeweils zusammen mit den entsprechenden Verfügungen des Gesetzes maßgebend, sowohl in der Theorie als auch in der Praxis.

2. Rechtssystematische Stellung

a) Spezialgebiet des Zivilrechts

Das Urheberrecht wurde im Rechtssystem Ungarns als Spezialgebiet des Zivilrechts ausgebaut. Das Urheberrecht regelt Verhältnisse persönlicher Natur, die mit vermögensrechtlichen Verhältnissen untrennbar zusammenhängen und zwischen nebeneinander geordneten Personen entstehen. Rechtsverhältnisse dieser Art unterstehen der zivilrechtlichen Regelung. Demgemäß wurde in Ungarn der Platz des Urheberrechts auch kraft Gesetzes im Rahmen des Zivilrechts ausgewiesen: § 84 des Zivilgesetzbuches von 1959 trifft ausdrücklich die besondere Regelung des Schutzes der Persönlichkeitsrechte an geistigen Schöpfungen; mit dieser Verweisung auf die einschlägigen Gesetze werden diese eindeutig dem Zivilrecht zugeordnet. Die Zugehörigkeit des Urheberrechts zum Rechtszweig

des Zivilrechts wird auch durch die wachsende Bedeutung des Urhebervertragsrechts immer mehr begründet.
Bei der Einräumung des subjektiven Urheberrechts wird aber im sozialistischen Recht der persönliche Schöpfungsakt zum Ausgangspunkt genommen. Der Schöpfungsakt ist zugleich eine hochwertige geistige Arbeitsleistung. Es ist also verständlich, daß in der Theorie die Frage auftauchte, ob das sozialistische Urheberrecht nicht dem Arbeitsrecht zuzuordnen sei? Die Frage wurde auch in Ungarn analysiert. Miklós *Világhy* wies aber auf den Unterschied zwischen Arbeit in weiterem Sinne und Arbeit im Rahmen eines Arbeitsverhältnisses zwischen Betrieb und Werktätigen hin[4]. Das urheberrechtlich relevante Schaffen könnte zwar in die erste Kategorie eingeordnet werden; es wäre aber keineswegs der einzige Anwärter. Zum Beispiel gibt es auch im Bereich der sozialistischen Landwirtschaft solche Arbeitsformen, deren Grundlage nicht das im Kodex für Arbeitsrecht geregelte Arbeitsverhältnis ist und die zur Zeit in Ungarn im Rahmen des Landwirtschaftsrechts erfaßt sind. Sollten wir die Grenzen des Arbeitsrechts auflockern, um eine jede Arbeitsform unter einen Hut zu bringen, so müßten wir neben Urheberrecht auch andere Rechtsgebiete überprüfen. Diese besonderen Arbeitsarten weisen aber so spezielle Wesenszüge auf, daß es begründet ist, sie im Rahmen anderer Rechtszweige zu belassen. Hinsichtlich des Urheberrechts sei in diesem Zusammenhang noch bemerkt, daß selbst jene Rechtsverhältnisse, wo der Urheber vom Werknutzer mit der Schaffung eines neuen Werks beauftragt wird, also wo im Rahmen des Vertrages nicht nur Nutzungsrechte eingeräumt, sondern auch neue Arbeit geleistet wird, nicht die Züge des Arbeitsverhältnisses, sondern eher jene des Werkvertrages aufweisen, dessen Regelung ebenfalls im Zivilgesetzbuch enthalten ist.
Das Urheberrecht kommt mit dem Arbeitsrecht im engeren Sinne an einem Punkt in Berührung: wenn es um die Verfügungsberechtigung hinsichtlich Werke geht, die in Folge eines Arbeitsverhältnisses geschaffen werden. Diesbezüglich muß wieder das gesetzte Urheberrecht eindeutige Regelung geben (siehe § 14 URG).
Es entspricht den soeben dargelegten Folgerungen, wenn das URG hinsichtlich der über die Regeln des Urheberrechts hinausgehenden Fragen so verfügt, daß in diesen die Vorschriften des Zivilgesetzbuches, in den Arbeitsverhältnisse berührenden Fragen dagegen die Vorschriften des Arbeitsgesetzbuches anzuwenden sind (§ 3).

---

[4] Vgl. besonders die Ausführungen von **Világhy** in „Les fondements . . ."

b) Abgrenzung gegen gewerbeschutzrechtliche Gebiete der geistigen Schöpfung

Innerhalb des Zivilrechts ist aber das Urheberrecht als Spezialgebiet auch **gegen die übrigen Gebiete der geistigen Schöpfung** klar abzugrenzen: gegen das Recht der Erfindungen, Patente, Neuerungen, Schutzmarken, Gebrauchs- und Geschmacksmuster. Die trennenden Wesenszüge sind gewichtiger als die in Richtung eines gemeinsamen Nenners verlockende Aspekte. Diesbezüglich heißt es in der DurchfVO, daß der urheberrechtliche Schutz unabhängig ist vom Schutz, der auf Grund von besonderen Bestimmungen hinsichtlich einzelner, unter anderem Titel geschützter Schöpfungen besteht und die Wirkung der einschlägigen besonderen Bestimmungen nicht berührt (§ 1 Abs. 2 DurchfVO). Ebenso bleiben auch die urheberrechtlichen Bestimmungen von jenen, die bezüglich geistiger Schöpfungen unter anderen Titel erlassen wurden, unberührt: das Oberste Gericht gewährte dem Gestalter von Tiermodellen urheberrechtlichen Schutz, obwohl dieser seinerzeit für diese Modelle Patentschutz erhielt (Pf. III. 20822/1971).
Innerhalb des Sammelbereichs der Rechtsnormen bezüglich geistiger Schöpfungen unterscheiden sich die Regeln des Urheberrechts im ungarischen Rechtssystem vornehmlich durch folgende Merkmale: Sie beziehen sich auf Rechte, die Werke der Literatur oder der Kunst als solche zum Gegenstand haben. Sie regeln Rechte, die engstens der Person des Werkschaffenden anhaften, also nicht veräußert werden können und sich auch bei Nutzungen durch andere in vieler Hinsicht auf den Nutzungsprozeß erstrecken. Aus diesen Prämissen folgt der dritte wesentliche Unterscheidungsmerkmal: daß nämlich das subjektive Urheberrecht dem Urheber im Moment der Entstehung seines Werks, *ex lege* eingeräumt wird, ohne daß hiezu nach richtiger Auffassung irgendwelche konstitutive oder gar deklarative Formalitäten nötig wären. (Dementsprechend kann auch im Zusammenhang mit dem internationalen Urheberrechtsschutz nur von der exterritorialen Erweiterung des einen und selben Urheberrechts gesprochen werden, während zur Anerkennung einer Erfindung in den Auslandsstaaten jeweils neue Patentrechte zu sichern sind.) Und schließlich ist für das Urheberrecht auch kennzeichnend, daß es hinsichtlich Entstehung anderer subjektiven Rechte an ähnlichen Werken anderer Urheber keine Sperrwirkung gewährt: vorausgesetzt, daß kein Plagiat vorliegt, kann kein Urheber dem anderen die Verbreitung ähnlicher Werke untersagen, nicht, wie im Patentrecht, wo von zwei, unabhängig von einander angemeldeten Erfindungen nur auf Grund der zuerst registrierten Erfindung Patentschutz erteilt werden kann.

Im Urheberrecht wird also die Selbständigkeit und Originalität des Schaffens im subjektiven Sinne verlangt, während es zum Erlangen eines Patentrechts objektiver Neuheit bedarf. Die Gleichheit unabhängig voneinander geschaffener Urheberwerke ist natürlich praktisch kaum vorzustellen; wesentliche Ähnlichkeiten kommen aber auch ohne Plagiat vor. Auf dem Gebiet der Erfindungen ist hingegen oft die Frage nach der Priorität zu entscheiden. Eine der Wesenszüge des literarischen Schaffens besteht in der subjektiven Widerspielung der Wirklichkeit, während es sich bei den Erfindungen um objektive Erkenntnis der gegebenen materiellen Gesetzmäßigkeiten und deren Anwendung innerhalb der ebenfalls objektiven Möglichkeiten handelt; daher der Unterschied.

c) Abgrenzung gegen das Wettbewerbsrecht

In der Praxis stellen sich oft Abgrenzungsfragen auch im Hinblick auf **Tatbestände des unlauteren Wettbewerbs.** Im Laufe der vergangenen zwei Jahrzehnte hat sich die ungarische Rechtssprechung im Zusammenhang mit urheberrechtlichen Streitfragen, insbesondere hinsichtlich Ansprüchen auf Titelschutz, auch auf die geltenden Paragraphen des Gesetzes Nr. V von 1923 gegen den unlauteren Wettbewerb berufen[5]. In Grenzfällen soll die Faustregel nicht aus den Augen gelassen werden, daß die Vorschriften des Gesetzes gegen den unlauteren Wettbewerb gewerbliche Interessen von Unternehmern im geschäftlichen Verkehr schützen und **die Regeln des Wettbewerbsrechts keineswegs so ausgelegt werden können, daß sie den spezifischen urheberrechtlichen Schutz einengen oder erweitern,** seine gesetzlichen Schranken aufheben und somit den gesetzlichen Bestand des Urheberrechts verwässern. Das Wettbewerbsrecht erfaßt auch den Titel der Urheberwerke spezifisch, d. h. nicht als Titel der Werke, sondern als besondere Bezeichnung des Buches, sonstiger Druckschrift oder Theateraufführung, also des Produktes einer gewerblichen Nutzungstätigkeit, damit der Werknutzer in seiner unternehmerischen Eigenschaft vor Schaden aus Verwechslungen am Markt gewahrt wird. Das alte Urheberrechtsgesetz aus 1921 enthielt noch wettbewerbsrechtliche Elemente, indem es die Übernahme eines Titels dann verboten hat, wenn offensichtlich die Irreführung des Publikums beabsichtigt war. Das neue URG verbleibt auf urheberrechtlichen Grundlagen, indem es verfügt, daß

---

[5] Vgl. Hauptstädtisches Gericht 16. P. 24696/1957 sowie Oberstes Gericht Pf IV. 21045/1961 (DA 1963 pp. 138–9) usw.

die Nutzung des **eigenartigen** Titels eines Werks gleichwohl der Zustimmung des Urhebers bedarf (§ 13 Abs. 2).
Eine wettbewerbliche Verwechslungsgefahr ist also zum Titelschutz nicht erforderlich, wohl aber die Erfüllung der urheberrechtlichen Voraussetzung der Originalität. Nach Ablauf der Schutzfrist hingegen wird auch der eigentümlichste Titel frei, seine Übernahme an sich kann einem anderen Urheber für sein eigenes Werk auch unter Berufung auf Wettbewerbsregeln nicht untersagt werden.

d) Überschneidungen mit dem Geschmacksmusterschutz

Die Neuregelung des ungarischen Geschmacksmusterschutzes steht noch bevor. Die einschlägigen Fragen werden derzeit noch durch eine aus dem Jahre 1907 stammende Verordnung des Handelsministers geregelt (Nr. 107709/1907 / 31. Dez.). Durch Deponierung und Registrierung eines neuen Geschmacksmusters beim Landesamt für Erfindungen kann sich der Nutzer eine Ausschließlichkeit von drei Jahren sichern. In Fällen aber, wo das Geschmacksmuster zugleich auch eine dem Zweck der industriellen Produktion dienende gestaltungskünstlerische Schöpfung im Sinne des Urheberrechts darstellt, kann der Künstler auch Urheberschutz verlangen. Das URG sorgt in dieser Hinsicht auch für Koordinierung der urheberrechtlichen Interessen des Künstlers und jener der aus dem Muster Gebrauch machenden industriellen Produktion (§ 47).
Wissenschaft und Rechtsprechung haben zu klären, welchen Bedingungen ein Geschmacksmuster entsprechen muß, um zugleich auch ein Kunstwerk darzustellen. Im Jahre 1967 hat das Oberste Gericht dem Entwerfer einer Traktorenform im Zusammenhang mit der Adaptierung der Linienführung der Karosserie zum Zweck der Spielzeugindustrie Urheberschutz zugesprochen[6]. In der Literatur wurde dagegen der Befürchtung Ausdruck gegeben, daß eine so weite Auslegung des Kunstwerkbegriffes den alltäglichen Bedürfnissen zuwiderlaufe und auch das Urheberrecht verwässere, wodurch letzten Endes die Effektivität des URG auf dem Gebiete des Kunstgewerbes gefährdet wird. Eine Traktorform ist typisches Beispiel der Fabrikatindividualisierung durch angenehme Form- und Farbengestaltung der Ware, weitgehendst determiniert von den technischen Gegebenheiten und Funktionen der Maschine einerseits, von den vorangegangenen Karosserieformen und den industriellen Wettbewerb anderseits. Ein eigenschöpferisches Schaffen im Sinne eines Urheberwerks kann wohl so

---

[6] Oberstes Gericht Pf. IV. 20448/1966/17 in: Bírósági Határozatok, 1967/4 Nr. 5252.

kaum entfaltet werden, was auch durch das mit der technischen Veraltung des Traktortyps notwendigerweise erfolgte Ableben seiner Karosserie bewiesen wurde. Bei der Entscheidung der Frage nach der Gestaltungshöhe eines Geschmacksmusters, d. h. bei der Lösung des Problems, wo fängt ein **eigenschöpferisches Kunstwerk** überhaupt an, soll über den Rahmen des Rechts hinaus auf die Forschungsergebnisse der Ästhetik zurückgegriffen werden[7]. In der Rechtsprechung dürfte sich wohl die Überlegung als wegweisend erweisen, daß von Kunstwerken im Sinne des Urheberrechts nur dann gesprochen werden kann, wenn es sich um eigenpersönliche, individuelle Schöpfungen handelt. Diese These wurde übrigens im Zusammenhang mit einem Produkt der Kunstgewerbe, welches sich als sklavische Nachahmung erwiesen hat, ein Jahr später auch vom Obersten Gericht ausgesprochen (Pf. III. 20680/1967). Im Einklang mit dem Gutachten der Körperschaft urheberrechtlicher Sachverständigen (siehe URG § 55) wurde wegen mangelnder Eigenpersönlichkeit der urheberrechtliche Schutz dem Gestalter eines Wandregals vom Obersten Gericht verweigert (Pf. III. 21105/1971).
Das neue Urheberrechtsgesetz macht übrigens die Unterscheidung zwischen Kunstwerk und ähnlichen Werken, die aber die künstlerische Gestaltungshöhe nicht erreichen, auch im Bereich der verwandten Schutzrechte unerläßlich (vgl. § 51); die Frage ist also nicht zu umgehen. Der Richter hat letzten Endes darüber zu entscheiden, ob die äußere Form eines Produktes überwiegend durch technische Gegebenheiten bzw. marktmäßige Faktoren (wie Firmen kennzeichnende Formen oder Moderichtungen) determiniert, oder aber in einem vom Verwendungszweck eher losgelösten Schöpfungsbereich ausgestaltet wurde.[7]

---

[7] Vgl. eingehender **Boytha:** „Some Borderline Problems ..." Weiters: „Ipari minta oltalom ..."

III. Das subjektive Urheberrecht

1. Allgemeine Wesenszüge

a) Persönlichkeitsrechtlich begründete Ausschließlichkeit

Das ausschließliche Recht der Urheber in Bezug auf ihre Werke wird ihnen in der Ungarischen Volksrepublik **mit Rücksicht auf den höchstpersönlichen Charakter der geistigen Schöpfung** gesichert. Dementsprechend wurde das subjektive Urheberrecht im URG als der Person des Urhebers anhaftendes Recht gestaltet. In § 10 des URG steht eindeutig, daß eine **jede unbefugte Nutzung des Werks das Persönlichkeitsrecht des Urhebers verletzt.** Die Ausschließlichkeit des sozialistischen Urheberrechts hat also, im Gegensatz zum absoluten Charakter der in vielen westlichen Staaten vom Eigentumsbegriff abgeleiteten Urheberrechte, persönlichkeitsrechtliche Wurzeln.

Diese Erkenntnis ermöglichte die Beantwortung der Frage, die zu Beginn der Kodifikationsarbeiten auch in Ungarn aufgetaucht ist, ob nämlich in einer sozialistischen Gesellschaftsordnung das subjektive Urheberrecht unbedingt in Form eines Ausschließlichkeitsrechts gestaltet werden soll, oder ob auch andere Formen, z. B. unmittelbare Vergütung der schöpferischen geistigen Arbeit, durch den Staat gegen Übernahme der Aufgabe der Überführung des Werkes in die Gesellschaft, ebenfalls durch staatliche Organe, in Betracht kommen? Diese Fragestellung war eine typische Reaktion auf die in der bürgerlichen Lehre stark verbreitete urheberrechtliche Eigentumstheorie: die sozialistische Umstellung der Gesellschaft von der Basis des Privateigentums auf gesellschaftliche Eigentumsformen hat es mit sich gebracht, daß man diese Umstellung auch hinsichtlich des „Eigentums" im Urheberrecht in Erwägung gezogen hat. Ein ausschließliches Eigentumsrecht an Werken, hinsichtlich derer die Gesellschaft Nutzungsansprüche erhebt, schien die Fragestellung gerechtfertigt zu haben. Nachdem aber das Wesen des sozialistischen Urheberrechts keineswegs in irgendwelcher Form des Eigentums, sondern in der Anerkennung des Sichentfaltens der Persönlichkeit gegeben wurde, mag die Gestaltung der an die Person gebundenen Befugnisse des Urhebers in ausschließlicher Form nicht mehr problematisch wirken; sie wird in der gegenwärtigen Entwicklungsperiode zum einzig gangbaren Weg, wobei die gesellschaftlichen Interessen im Zuge der Festlegung der Grenzen und Schranken bzw. der

Modalitäten der Ausübung des Urheberrechts zur Geltung gebracht werden müssen.
Nur in diesem Rahmen kann auch der direkte gesellschaftliche Zugang zum Werk in vom Gesetz genau umzuschreibenden Ausnahmefällen, ohne Zustimmung des Urhebers, aber gegen entsprechende Urhebergebühr ermöglicht werden. Den Institutionen der gesetzlichen- und Zwangslizenz muß also in diesem Sinne, **als Korrektur** des ausschließlichen Rechts des Urhebers, sowohl in seinem, als auch im Interesse der Gesellschaft wachsende Bedeutung beigemessen werden. An einer unbedingten Ausschließlichkeit des Urheberrechts können geplante Nutzungen aus objektiven Gründen scheitern, womit auch den Interessen des Urhebers nicht gedient wird. Die rapide wachsende Menge der Urheberwerke und die enorme Beschleunigung der Entwicklung der Nutzungsmöglichkeiten innerhalb von Landesgrenzen und darüber hinaus fordern neue Autorisationsformen, die es ermöglichen, in bestimmten Fällen neben Wahrung der wichtigsten Urheberinteressen die Nutzung auch ohne den Urheber selbst zu erreichen. In solchen Fällen bedeutet die persönlichkeitsrechtliche Bindung eine stärkere Garantie als irgendeine eigentumsmäßige, weil sie dem Urheber auch dann eine Kontrolle über den Nutzungsvorgang gewährt, wenn ihm keine Verwertungsbefugnis oder Handelsmöglichkeit mehr zusteht.

b) Einheit von Persönlichkeitsrechten und Vermögensrechten

Das Urheberrecht ist indessen ein besonderes der Person anhaftendes Recht, weil seine **Ausübung notwendigerweise auch vermögensrechtliche Interessen berührt.**
Die gesellschaftliche Nutzung des Werks geschieht auch unter sozialistischen Gesellschaftsverhältnissen durch den Austauschakt Ware-Geld. Gleichwohl bleiben die Rechtsverhältnisse der Urheber infolge der gesellschaftlichen Bestimmung ihrer Werke mit Warenverhältnissen verbunden: die Werke werden den interessierten Individuen der Gesellschaft im Verwertungsprozeß Ware gegen Geld vermittelt. Deswegen beinhaltet das subjektive Urheberrecht in engem Zusammenhang mit den der Person anhaftenden Befugnissen auch im sozialistischen Urheberrecht notwendigerweise vermögensrechtliche Befugnisse. Die Unterstützung der schöpferischen Entwicklung der Persönlichkeit kann nur unter Anerkennung der materiellen Bedürfnisse und finanziellen Ansprüche des Urhebers wirksam werden.
Nach richtiger Auffassung bilden die persönlichkeitsrechtlichen und ver-

mögensrechtlichen Befugnisse in organischer Einheit den Inhalt des Urheberrechts. Die **Einheit** geht aus § 4 Abs. 1 und § 5 Abs. 1 URG klar hervor. Laut ersterem steht dem Urheber nicht eine Reihe unabhängiger Urheberrechte, sondern das in Einzahl bestimmte, umfassende Urheberrecht zu. Gemäß letzterem kann dieses Urheberrecht auch unter mehreren Urhebern eines gemeinsam geschaffenen unteilbaren Werks nicht aufgeteilt werden, es steht den Miturhebern gemeinsam zu.

Die dem Urheber laut § 7 URG zustehenden, seiner Person anhaftenden Rechte und die Vermögensrechte müssen im Einklang mit den vorher Zitierten als Komponente des umfassenden Urheberrechts gewertet werden.

Die enge **Verflochtenheit** der persönlichkeitsrechtlichen und vermögensrechtlichen Elemente wird vor allem im bereits angeführten § 10 URG klargelegt: alle unbefugte Nutzungen verletzen zugleich das Urheberpersönlichkeitsrecht. Diese Feststellung behält aber seine Gültigkeit auch umgekehrt: Die Ausübung der Persönlichkeitsrechte ist zugleich von vermögensrechtlicher Relevanz. (Die Veröffentlichung wird entweder vom Anspruch auf Urhebergebühr oder vom Verzicht darauf begleitet; die Zulassung einer Bearbeitung kann neuen Nutzungen den Weg bahnen; die Ausübung des Rückrufsrechts zieht Entschädigungspflicht nach sich; das Weglassen des Namens kann die Nachfrage in den Werken des Urhebers beeinflussen, usw.) Die Urheberpersönlichkeitsrechte sind also notwendigerweise und von Anfang an mit vermögensrechtlichen Elementen verflochten; darin besteht ein wesentlicher Unterschied zur Auffassung von Otto *von Gierke*, dem Bahnbrecher des Urheberpersönlichkeitsrechts; er meinte, daß es auch reine persönlichkeitsrechtliche Urheberrechte geben kann, und das Urheberrecht sich nur in bestimmten Fällen, im Laufe seiner Ausübung zugleich zum Vermögensrecht entfalten kann[8]. Demgegenüber stehen dem Urheber die vermögensrechtlichen Befugnisse – ebenso wie die persönlichkeitsrechtlichen – auch dann zu, wenn er aus diesen keinen Gebrauch macht. Aus der engen Verflochtenheit der Vermögensrechte mit den Persönlichkeitsrechten folgert, daß der Urheber auch seine Vermögensrechte als solche nicht veräußern kann, etwa als herausgerissene Teile seines Urheberrechts. Er kann anderen bezüglich

---

[8] Otto **von Gierke:** Deutsches Privatrecht, Band I. 1895. S. 766. Hinsichtlich der jüngsten Entwicklung der persönlichkeitsrechtlichen Auffassung des Urheberrechts siehe insbesondere Hans **Nathan:** Das Persönlichkeitsrecht, in: Wissenschaftl. Zeitschrift der Humboldt-Univ. zu Berlin, Ges.- und Sprachw. R XIII/1964/1; und Heinz **Püschel:** Das subjektive Urheberrecht als sozialistisches Persönlichkeitsrecht, in: Wissenschaftl. Zeitschrift der Humboldt-Universität zu Berlin, Ges.- und Sprachw. R. XV/1966/6.

seines Werks nur Nutzungsrechte – durch Einschränkung seines Rechts – einräumen. Dementsprechend kann das Urheberrecht als solches weder in persönlichkeitsrechtlicher, noch in vermögensrechtlicher Hinsicht Gegenstand von Vollstreckung, Beschlagnahme oder Einziehung sein.

c) Wesenswandel des Urheberrechts; Vererbung

Der Inhalt des einheitlichen subjektiven Urheberrechts steht nicht ein für allemal fest, es **ändert sich** im Laufe der Zeit. Schon zu Lebzeiten des Urhebers sind Änderungen festzustellen: Mit der Veröffentlichung des Werkes konsumiert der Urheber z. B. seine Befugnis zur Erstveröffentlichung, mit der Nennung seines Namens praktisch sein Recht auf Anonymität usw. Wir können wohl feststellen, daß mit der Veröffentlichung eine Verengung des persönlichkeitsrechtlichen Inhalts des Urheberrechts bzw. eine Loslösung des Werks vom Urheber beginnt. Dieser Prozeß nimmt mit dem Tode des Urhebers merklich zu. Wie ändert sich der Inhalt des Urheberrechts mit und nach dem Ableben der Schöpfers des Werks?
In diesem Zusammenhange müssen wir uns einer Vorfrage zuwenden: Kann ein Toter als Person, als Rechtssubjekt gewertet werden, dem Rechte und Verpflichtungen zustehen können? Es sind all jene rechtstheoretischen Bestrebungen zu begrüßen, die auf Vermeidung von rechtstechnischen Fiktionen abzielen, die der objektiven Realität zuwiderlaufen. (Solche Fiktionen sind auf anderen Rechtsgebieten z. B. die willkürliche Nennung eines mit der Lieferung in keinem sachlichen Zusammenhang stehenden Erfüllungsort als Anknüpfungsmoment im IPR, oder die Behauptung der *ex tunc*-Wirkung der Rücktrittserklärung, wodurch der aufgelöste Vertrag als nie dagewesen gewertet werden soll, usw.) Solcher antifiktionistischer Tendenz ist auch die Auffassung zuzuschreiben, daß ein Toter nicht mehr als Rechtssubjekt angesehen werden kann. Deswegen sorgt ja das Recht für eine Regelung der Nachfolge in seine sämtlichen Rechte. Wie kann indessen das Gesetz über seine höchstpersönlichen Rechte verfügen, die ihm nur auf Grund seiner höchstpersönlichen Schöpfung zustanden? Solche Rechte müssen konsequenterweise mit dem Tod der Person in ihrer ursprünglichen Form als erloschen betrachtet werden.
Dem Gesetzgeber steht es aber frei, für die Erben mit Rücksicht auf die Person des Verstorbenen neue subjektive Rechte im Moment des Anfalls der Erbschaft entstehen zu lassen. Rechtssubjekte solcher Rechte sind natürlich die Erben. Bei Vererbung des Urheberrechts würde das bedeuten, daß nur die vermögensrechtlichen Befugnisse aus dem Inhalt des

Urheberrechts auf die Erben übergehen, diese aber so, daß sofort mit Erlöschen der Persönlichkeit des Verstorbenen in Bezug auf diese vermögensrechtlichen Befugnisse und mit Rücksicht auf die Person des verstorbenen Urhebers neue urheberrechtliche nichtvermögensrechtliche Pietätsbefugnisse den Inhalt des geerbten Urheberrechts vervollkommnen. Nachdem aber nicht mehr der Urheber selbst Subjekt der persönlichkeitsrechtlichen Befugnisse ist, muß der Inhalt des vererbten Urheberrechts notwendigerweise enger sein als jener des ursprünglichen Urheberrechts. Den Erben steht ein solches Recht nicht mehr aus dem Grunde des persönlichen Schaffens, sondern aus Pietätsgründen und wegen ihrer mehr oder weniger engen persönlichen Verbundenheit mit dem verstorbenen Urheber zu, sie können also mit dem Werk nicht so unbeschränkt frei umgehen, wie es dem Urheber zugestanden war.
Diese theoretische Folgerung wird auch durch die einschlägigen Regeln des ungarischen Rechts bestätigt. Das URG besagt nichts Näheres über die Vererbung des Urheberrechts, erwähnt lediglich in verschiedenen Zusammenhängen die Erben (auch Rechtsnachfolger genannt), die das Urheberrecht erworben haben. (So hinsichtlich Persönlichkeitsrechte § 12 Abs. 2; betreffend vermögensrechtliche Zustimmungsbefugnis § 13 Abs. 2; siehe auch § 24 Abs. 1.) Auf den Erbfall sind also die Regeln des Zivilgesetzbuches entsprechend anzuwenden. Unter Berücksichtigung der diesbezüglichen Rechtsprechung kann festgestellt werden, daß nach ungarischem Recht zur Erbschaft das Urheberrecht und dessen bei Anfall der Erbschaft vorhandene Früchte: die durch Verwertung des Urheberrechts erzielten Gebühren und auf Grund der Nutzung des Werks oder eines Nutzungsvertrages fällig gewordenen Forderungen gehören. Kommt es zur gesetzlichen Nutznießung der Witwe oder des Witwers, so erstreckt sich dies auf Urhebergebühren die nach dem Abfall der Erbschaft fällig werden. (Oberstes Gericht, P. törv. III. 20178/1970.)
Das Verfügungsrecht steht in der Regel den Erben zu, denen das Urheberrecht zufiel. Sie sind die neuen Rechtssubjekte des Urheberrechts. Mangels anderweitiger Vereinbarung oder letztwilliger Verfügung üben alle Erben gemeinsam das urheberrechtliche Verfügungsrecht aus. Die persönlichkeitsrechtlichen Befugnisse können gegebenenfalls von demjenigen ausgeübt werden, den der Urheber mit der Betreuung seines wissenschaftlichen, literarischen oder künstlerischen Nachlasses beauftragt hat (§ 12 Abs. 2 URG). In der gesetzlichen Erbfolge ist zwar die Witwe oder der Witwer auch Erbe, bei Vorhandensein anderer Erben jedoch nur hinsichtlich der gesetzlichen Nutznießung am Vermögen (Zivilgesetzbuch § 615 Abs. 1); in solchen Fällen steht das Verfügungsrecht bezüglich der vermögensrechtlichen Verwertung des Urheberrechts der nutznießenden

Person zu, auf Grund der entsprechend anzuwendenden Regeln des Nießbrauchs (insbesondere § 162 Abs. 1, § 155 Abs. 1 und 2, ferner § 157 Abs. 1 und 2 des Zivilgesetzbuches).
Der Inhalt des vererbten Urheberrechts ist auch im Spiegel des neuen URG enger, als jener des ursprünglichen Urheberrechts vor dem Tode des Urhebers war. Die Erben haben z. B. kein Änderungsrecht, während dem Urheber selbst das Recht zusteht, unveröffentlichte Werke neu zu gestalten, oder ein bereits veröffentlichtes Werk durch eine neue Fassung zu ersetzen. Eine weitere Einschränkung: Wenn der Rechtsnachfolger des Urhebers seine Zustimmung zur weiteren Nutzung des bereits veröffentlichten Werks ohne zureichendem Grund verweigert, so kann die Zustimmung aus gesellschaftlichem Interesse – insofern es nicht gegen internationales Konventionsrecht verstößt – durch Urteil des Gerichtes ersetzt werden. (Die Werknutzung erfolgt auch in diesem Fall gegen Vergütung, § 24 URG). Im übrigen steht aber auch den Erben das reiche Inventar der urheberrechtlichen Persönlichkeitsrechte zu, die sie als eigene Rechte ausüben.
Der Prozeß der Verselbständigung des Werks nimmt in dem Maße zu, wie im Laufe der aufeinander folgenden Vererbungen die Rechtssubjekte immer weniger Gemeinsames mit dem verstorbenen Autor haben. Es folgt auch aus dem persönlichkeitsrechtlichen Charakter des Urheberrechts, daß es als solches im Laufe der Zeit notwendigerweise erlischt und das Werk Gemeingut wird. Daraus ergibt sich – wie schon *Gierke* darauf verwies – eine persönlichkeitsrechtliche Motivierung und Begründung der Befristung des Urheberschutzes nach dem Tode des Urhebers.

d) Erlöschen des Urheberrechts; gesellschaftlicher Schutz alter Kulturwerte

Nach Ablauf der Schutzfrist können im Zusammenhang mit der Nutzung des Werkes nurmehr die zur Vertretung der Urheberinteressen befugten oder andere vom Minister für Bildungswesen bestimmte Organe auftreten, und auch die nur dann, wenn das Werk entstellt oder wenn dem guten Ruf des Urhebers geschadet wird (§ 12 Abs. 3 URG). In diesen Fällen geht es also nicht mehr um die Ausübung des subjektiven Genehmigungsrechtes des Urhebers, es handelt sich eher um eine kulturellen Interessen der Gesellschaft dienende Interventionsmöglichkeit der dazu berufenen gesellschaftlichen Organe. Der Wortlaut des Gesetzes, wonach die der Person anhaftenden Rechte zeitlich unbeschränkt sind (§ 12 Abs. 1), bezieht sich also nach Ablauf der Schutzfrist auf das Recht des Staates, zur Wahrung der Identität wertvoller Werke nach eigenem Ermessen aufzutreten. Nach Ablauf der Schutzfrist erlischt das Urheberrecht als subjektives ausschließliches Recht am Werk den Verfügungen des neuen ungarischen URG entsprechend sowohl in vermögensrechtlicher als auch in persönlichkeitsrechtlicher Hinsicht. Dieser grundsätzliche Wandel vollzieht sich auch dann mit Ablauf der Schutzfrist, wenn das Urheberrecht in Ermangelung anderer gesetzlichen Erben vom Staat geerbt wird. Während der Schutzdauer üben die zuständigen staatlichen Organe das ausschließliche Urheberrecht wie sonstige Erben aus. Mit Erlöschen des urheberrechtlichen Schutzes ändert sich dieses Recht des Staates in die Befugnis dazu berufener Organe der Gesellschaft, gegen Entstellungen des Werks bzw. dem guten Ruf des verstorbenen Urhebers schadenden Handlungen aufzutreten[9].

Hinsichtlich der Ausgestaltung des subjektiven Urheberrechts gehen die Urheberrechtsgesetze der sozialistischen Staaten miteinander insofern konform, als sie das Urheberrecht als eine Verbindung von persönlichkeitsrechtlichen und vermögensrechtlichen Befugnissen gestalten: das polnische Gesetz (10. Juli 1952) in dualistischer Form, indem es separate Persönlichkeitsrechte und Vermögensrechte schafft, die übrigen von der Einheit des subjektiven Urheberrechts ausgehend und die vermögensrechtlichen und nichtvermögensrechtlichen Befugnisse als dessen Inhalt gestaltend. In der Sowjetunion (Grundlagen der Zivilgesetzgebung v. 8. Dezember 1961), Bulgarien (Ges. v. 16. November 1951) und in der Deutschen Demokratischen Republik (Ges. v. 13. September 1965) wird

---

[9] Das neue Gesetz schafft somit Klarheit in der vorher umstrittenen Frage, inwieweit man sich nach Ablauf der Schutzfrist auf Persönlichkeitsrechte verstorbener Urheber berufen kann. Im Urteil Nr. Pf IV 20533/1959 vom 23. Juni 1960 des Obersten Gerichtes der Ungarischen Volksrepublik wurde noch der Gebührenanspruch eines Komponisten, der eine Chopin-Etüde zum Tanzlied arrangierte u. a. auch mit der Begründung zurückgewiesen, daß das Arrangement als Anmaßung der Urheberrechte von Chopin zu werten sei und die in Frage stehende Tanzliedfassung eine unerlaubte Beeinträchtigung der Persönlichkeitsrechte des Originalkomponisten darstelle. Zugleich wurde aber die Verbreitung der Tanzliedversion von keiner hierzu berufenen Stelle untersagt. Es wurde also trotz der Behauptung einer Verletzung von Urheberrechten weder eigentlicher urheberrechtlicher Schutz gewährt (wozu nach heutiger Auffassung auch keine Grundlagen vorhanden waren), noch Werkschutz geleistet. Bei Ablehnung der Klage auf Gebührenbeteiligung wäre also urheberrechtlich gesehen richtiger gewesen, es mit der Feststellung des Mangels an eigenschöpferischen Zusatzelementen bewenden zu lassen (Begründung des Urteils siehe in Schulze, Rechtsprechung, Ung. Nr. 1., ferner GRUR. Int. 1961. S. 234. Siehe ferner **Benàrd:** Zenemü àtdolgozàsànak . . . Fußnote 4). Es soll hier dahingestellt bleiben, ob die Verweigerung des Schutzes im behandelten Fall überhaupt richtig gewesen ist oder nicht.

die einheitliche Auffassung des Urheberrechts auch insofern durchgeführt, als mit Ablauf der Schutzfrist p. m. a. auch der persönlichkeitsrechtliche Inhalt des subjektiven Urheberrechts erlischt. In Polen, Jugoslawien (Ges. v. 20. Juli 1968) und in der Tschechoslowakei (Ges. v. 25. März 1965) hingegen gehen mit dem Ablauf der Schutzdauer nur die vermögensrechtlichen Befugnisse zu Ende. In diesen Ländern ist aber, anders als im ungarischen Gesetz, auch keine Änderung des Inhalts der Urheberpersönlichkeitsrechte gesetzlich vorgesehen; die Regelung blieb daher in diesen Gesetzen der Konzeption des klassischen französischen *droit moral* nahe. In Polen und Jugoslawien wird der sogenannte Persönlichkeitsschutz als subjektives Recht immerhin abgeschwächt, noch dazu – wiederum anders als in Ungarn – durch die Gewährung von parallelen Eingriffsmöglichkeiten staatlicher Organe neben den Urheberberechtigten schon unmittelbar nach dem Ableben des Urhebers. Einer besonderen Lösung folgte das rumänische Urheberrechtsgesetz (18. Juni 1956), das ebenfalls von der einheitlichen Konzeption des subjektiven Urheberrechts ausgeht, dann aber mit dem Tode des Urhebers ausdrücklich nur die vermögensrechtlichen Befugnisse auf die Erben übergehen läßt.

2. Gegenstand des subjektiven Urheberrechts: Das Werk

a) Urheberrechtlich berücksichtigte Werkarten

Es wird oft auch in der urheberrechtlichen Fachliteratur über geschützte Werke geschrieben. Urheberrechtlich werden aber nicht das Werk, sondern die damit verbundenen Urheberinteressen bzw. die dem Urheber diesbezüglich gesetzlich gewährten Rechte geschützt. Der eigentliche Werkschutz, im Sinne des Denkmalschutzes, beginnt erst, wenn das subjektive Urheberrecht erlischt. Wir müssen auch im Spiegel des ungarischen URG über die Werke der Literatur, der Wissenschaft und der Kunst als Gegenstände von subjektiven Urheberrechten sprechen, wenn auch der Wortlaut des URG und der DurchfVO sich der allgemein verbreiteten Formulierung bedient. Die herkömmliche Feststellung des § 1 URG, wonach das Gesetz die Schöpfungen der Literatur, Wissenschaft und Kunst schützt, ist ihrem Wesen nach insofern berechtigt, als, wie gezeigt, das Gesetz auch für die Zeit nach Ablauf der urheberrechtlichen Schutzfrist Maßnahmen gegen Entstellungen des Werks vorsieht.
Das URG enthält weder eine exemplarische, noch erschöpfende Aufzäh-

lung der urheberrechtlich zu berücksichtigenden Werke. Es bestimmt aber ausdrücklich, daß Rechtsvorschriften, öffentliche Entscheidungen, behördliche Bekanntmachungen, Akten, technische Normen und andere verbindliche Regelungen **nicht** unter seinen Schutz fallen (§ 1 Abs. 3). Dieser Kreis der Ausnahmen wird in der DurchfVO weiter ausgelegt: Das URG erstreckt sich nicht auf Verfügungen und deren Entwürfe, die im Rahmen der aufgabenmäßigen Tätigkeit der Organe der Staatsmacht, der Staatsverwaltung, der wirtschaftenden und gesellschaftlichen Organe, ferner der Vereine und Genossenschaften im Laufe ihrer sachbearbeitenden Tätigkeit entstanden sind, in welcher Form auch immer sie auch festgehalten wurden (§ 1 Abs. 3).
Aus dem Bereich der urheberrechtlich relevanten Werke gibt die DurchfVO eine ausführliche, aber trotzdem nur exemplarische Aufzählung von 13 Werkgattungsgruppen (§ 1 Abs. 1). In der Reihe von Werkarten geistiger Schaffung wurde die Erwähnung von Produkten der Werknutzung (wie z. B. Bücher, Broschüren, Schallplatten usw.) vermieden. Solche können die verschiedensten Werksorten verkörpern und sind an sich keine Gegenstände subjektiver Urheberrechte.
Die exemplarische Aufzählung der DurchfVO erstreckt sich auch auf Entwürfe von Werken der Baukunst und Schöpfungen technischer Anlagen. Dieser Kreis der Werke wird später in § 32 Abs. 1 und 2 der DurchfVO noch eingehend umschrieben, hauptsächlich, um die urheberrechtlich relevanten Werke gegenüber den nur technischen Lösungen (z. B. Bau einer Maschine) abzugrenzen. Urheberrechtlich sollen solche komplexe technische Anlagen berücksichtigt werden, wie z. B. Kraftwerke, einheitliche Einrichtung des ganzen Maschinenparks eines Betriebes, u. a. auch Straßenbrücken, die nicht unter den Begriff „Gebäude“ fallen, usw.

b) Wesenszüge urheberrechtlich relevanten Schaffens

Ein allgemeiner Werkbegriff wird im URG nicht formuliert. Welche inhaltliche und formelle Voraussetzungen können den Rechtsvorschriften trotzdem entnommen werden, denen ein Werk entsprechen muß, um Gegenstand eines Urheberrechts zu werden? Letzten Endes geht es hier um die Frage, **welche Züge das geistige Schaffen aufweisen muß, damit dem Schöpfer kraft Gesetzes ein Urheberrecht am Werk entsteht?**
Neben der bereits erwähnten Abgrenzungsregel gegen die Gebiete des gewerblichen Rechtsschutzes (§ 1 Abs. 2 DurchfVO) ist auch dem gesetzlichen Begriff „Schöpfung“ (also nicht einfach Werk) Bedeutung beizu-

messen (§ 1 Abs. 1). Am anderen Ort spricht das Gesetz von „schöpferischer Urheberarbeit" (§ 1 Abs. 2). Es wird damit zum Ausdruck gebracht, daß nicht alle geistigen Resultate, sondern nur die **in irgendeiner Form wahrnehmbar gewordenen Ergebnisse eines etwas Neues gestaltenden geistigen Schaffens** Werke in urheberrechtlichem Sinne sein können. Auch am **Werktitel** an sich besteht nur dann Urheberrecht, wenn er eigentümlicher Prägung ist, was wohl nur selten der Fall sein dürfte (§ 13 Abs. 1). Dementsprechend entsteht z. B. an wissenschaftlichen Entdeckungen oder sonstigen nicht schöpfungsartigen geistigen Leistungen auch dann kein Urheberrecht, wenn sie vom gewerblichen Rechtsschutz nicht erfaßt werden.

Diese Auslegung des Gesetzes beruht auf Gerichtsentscheidungen. Im Jahre 1970 wurde auch vom Obersten Gericht festgehalten, daß der Praxis der Rechtsprechung entsprechend als Werk nur in irgendwelcher Form verkörperte Gedanken gelten (Pf. III. 20107/1970). In dieser Entscheidung wird zugleich klargestellt, daß urheberrechtlicher Schutz nur bezüglich eigenpersönlicher, origineller Werke gewährt wird.

Die Bedingungen der Eigenpersönlichkeit, Neuheit, Originalität sind dem URG im Zusammenhang mit der Regelung von Bearbeitungen und Übersetzungen auch wörtlich zu entnehmen. Unbeschadet der dem Urheber des Originalwerks zustehenden Rechte kann an der Bearbeitung, Umarbeitung oder Übersetzung dieses Werks ein neues Urheberrecht einem anderen zustehen, wenn die Bearbeitung, Umarbeitung oder Übersetzung **eigenpersönlichen, originellen** Charakter aufweist (§ 4 Abs. 2). Derselben Forderung muß wohl auch das herausgeberische Werk, die Auswahl und Zusammenstellung von Sammelwerken entsprechen (§ 5 Abs. 3 URG). Das Oberste Gericht hat den urheberrechtlichen Schutz für die herausgeberische Tätigkeit auch unter Berücksichtigung der guten Überblickbarkeit, der entsprechende Orientierung gewährenden Gliederung und des Aufbaus des Gesamtwerks anerkannt, nachdem es aus diesen Eigenschaften auf selbständige geistige Arbeit des Herausgebers schließen konnte (Pf. III. 20982/1967).

Diese Regel wird dann durch § 17 Abs. 3 weiterentwickelt: Zum Schaffen eines **neuen, selbständigen** Werks kann ein fremdes Werk **frei** benutzt werden; dies ist aber ausgeschlossen bei Bearbeitungen bereits gegebener Werke zu Bühnen-, Film-, Hörfunk- oder Fernsehzwecken wie bei Umarbeitungen in derselben Werkgattung.

Aus diesen Regeln ergibt sich, daß **Urheberrechte nur an Werken eigenpersönlichen, originellen Charakters entstehen** können. Wenn es in § 19 URG heißt, daß Mitteilungen von Tatsachen und Nachrichten unter Quellenangabe frei übernommen werden können, so ergibt sich diese Regel aus dem Umstand, daß die Mitteilung einer Tatsache oder einer Nachricht kein Werk im Sinne des Urheberrechts ist[10].

Das Werk wird ferner nicht nur seiner äußeren Form nach als Gegenstand des Urheberrechts anerkannt: Die Rechte des Urhebers dürfen auch bei Bearbeitung oder Übersetzung seines Werks in eine andere Erscheinungsform nicht beeinträchtigt werden. **Urheberrechtlich relevant ist also das ganze mitgeteilte eigenschöpferische gedankliche Vorstellungsgefüge.** Ohne Rücksichtnahme auf bestehende Urheberrechte kann nur bei Schaffung eines **selbständigen** neuen Werks auf andere Werke zurückgegriffen werden; womit eigentlich die wohlbekannte These zum Ausdruck gebracht wurde, daß Einfälle, Ideen, angewandte Methoden an sich keine Gegenstände von Urheberrechten sind, also von anderen frei übernommen werden können. Sie mögen zwar eigenpersönlich und originell sein, sind aber noch kein geformtes Werk; im Gegenteil: sie können als Bausteine (Ideen, Einfälle) bzw. als Werkzeuge (Methoden, Schriftarten) zur Gestaltung beliebig vieler selbständiger Werke benutzt werden[11].

Zum urheberrechtlichen Schutz wird hingegen nicht verlangt, daß das Werk eine gewisse literarische, wissenschaftliche oder künstlerische Gestaltungshöhe erreicht: **an das Werk sind keine Wertmaßstäbe anzulegen.** Auch beim Leistungsschutz im Zusammenhang mit Photographien, Abbildungen und sonstigen Demonstrationsmitteln laut dem XII. Abschnitt handelt es sich um die Frage, ob diese Produkte einfach Ab- oder Nachbildungen gegebener Objekte oder aber eigenpersönliche, originelle Schöpfungen sind; es geht also auch hier nicht um ästhetische Wertschätzung.

---

[10] Es handelt sich hier eigentlich nicht um freie Werknutzung, obwohl diese Regel unter den Schranken des Urheberrechts figuriert; Nachrichten und einfache Mitteilungen sind keine Werke, deren Nutzung vom Gesetz in gewisser Hinsicht freigehalten werden könnte; die Verpflichtung zur Quellenangabe hat in diesem Fall eher wettbewerbsrechtlichen Charakter.

[11] Diese Werkkonzeption des URG wurde unlängst im Urteil des Hauptstädtischen Gerichts vom 1. Juni 1971 geltend gemacht. Im Nachlaß des ungarischen Schriftstellers Géza **Gárdonyi** befanden sich in Geheimschrift verfaßte Manuskripte die nach vielen Jahren kürzlich erst dechiffriert werden konnten. Das Gericht hat auf Grund des Gutachtens der Körperschaft urheberrechtlicher Sachverständiger erklärt, daß die Dechiffrierung der Geheimschrift zwar eine hervorragende wissenschaftliche Leistung, nicht aber ein urheberrechtlich relevantes Werk im Sinne des URG darstellt. Es handelt sich um die Erschließung verborgener Zusammenhänge einer äußerst komplizierten Geheimschrift, nicht aber um eine neue, selbständige, originelle Schöpfung. Das Urheberrecht am dechiffrierten Text, insoweit es sich um urheberrechtlich relevante Schöpfung handelt, steht allein den Gárdonyi-Erben zu. Die wissenschaftlichen Interessen der Dechiffrierer können im Rahmen des im Zivilgesetzbuch gewährten Schutzes des guten wissenschaftlichen Rufs gewahrt werden.

Letzten Endes muß auch im Bereich des Geschmacksmusterschutzes, bei der Beurteilung der Frage, ob das Muster auch urheberrechtlich relevant sei, keine qualitätsmäßige Wertschätzung durchgeführt, sondern eher der Umstand geprüft werden, inwieweit es sich um ein eigenschöpferisches Kunstwerk handelt, und inwieweit die Mustergestaltung durch bereits vorhandene Formen und technische Gegebenheiten determiniert war. Laut Auffassung des Obersten Gerichts ist es hinsichtlich des urheberrechtlichen Schutzes gleichgültig, ob das Werk höheren künstlerischen Anforderungen entspricht oder es nur ein Werk der angewandten Künste im Dienste einer praktischen Zielsetzung des Lebens darstellt (Pf. IV. 20880/1964). Es muß lediglich das Ergebnis künstlerischen Schaffens vorliegen.

Der exemplarischen Aufzählung von Werkgattungen in der DurchfVO ist ferner zu entnehmen, daß es zum urheberrechtlichen Schutz **nicht unbedingt einer fixierten Form** des mitgeteilten Werks bedarf. Urheberrecht kann also nicht nur an geschriebenen, gezeichneten, gedruckten, gefilmten Werken bestehen. Erfaßt werden auch öffentlich gehaltene Reden, eingelernte Choreographien, musikalische Improvisationen, wenn sie nachweisbar zu identifizieren und demzufolge zu reproduzieren sind. Verschlüsselungen, magnetische Speicherungen des Werks gelten als urheberrechtlich relevante Fixierungen desselben. Auch die bereits geschilderte einschlägige Rechtsprechung ist so zu verstehen, daß die schöpferischen Gedanken in irgendeiner wahrnehmbaren Form identifizierbar sein müssen. Im ungarischen Urheberrecht wird nicht in Bezug auf die äußere Form an sich Schutz gewährt. Die Form wird als Ausgestaltung des schöpferischen Gedankengefüges, das Urheberwerk als dialektische Einheit von Form und Inhalt aufgefaßt; dementsprechend kann unter Umständen auch ohne herkömmliche Fixierung des geformten Werks Urheberschutz verlangt werden.

Das Budapester Hauptstädtische Gericht hat in seiner Entscheidung vom 21. September 1973 urheberrechtlichen Schutz für eine in Form eines Computerprogrammes gestaltete Ölforschungsmethode gewährt (25. P. 27228/1972/21). Das identifizierbare Programmwerk ist in allen seinen vorhandenen Formen geschützt; Gegenstand des Schutzes sind also weder das Flußdiagramm noch die in Computersprache gestaltete Fassung an sich, sondern jeweils das komplette Programmwerk.

c) Die Übersetzung als besondere Kategorie

Beachtenswert ist schließlich, daß das URG die Übersetzung nicht einfach als eine Art der Bearbeitung, sondern als eine besondere Kategorie des urheberrechtlichen Schaffens behandelt. („... Bearbeitung, Umarbeitung **oder** Übersetzung ..." heißt es in § 4 Abs. 2.) Im Falle von Bearbeitungen werden Inhaltselemente des Originalwerks, zumindest jene der sogenannten „inneren Form" vom weiterschaffenden Bearbeiter berührt, ergänzt, oder geändert. Der Übersetzer hingegen schafft weder Inhalt im allgemeinen, noch „innere Form" im Sinne der *Kohler*schen Konzeption, also Ideenfolge, Aufbau und Gliederung des Gedankeninhaltes. Im übersetzten Werk soll auch in der neuen Sprache genau derselbe Inhalt bzw. die innere Form wahrnehmbar gemacht werden, wie in der Originalsprache. Es ändert sich also bloß die äußerste Schale des Werks, und auch diese nur so, daß das neue Sprachgewand sich sämtlichen inneren Elementen des bestehenden Werks geschmeidig anpaßt. Die neue Sprachform soll möglichst auch den evokativen, stimmungerregenden, stilgemäßen, und wo es darauf ankommt, zum Beispiel in der Poesie, auch den phonetischen Eigenschaften der ursprünglichen Ausdrucksform gerecht werden. Die Kunst des Übersetzens besteht im doppelten Einfühlungsvermögen: in alle Komponenten des Originalwerks und in alle verfügbaren Wendungen der zu benützenden neuen Sprache. Die Übersetzung lebt also ontologisch gesehen dermaßen aus dem Originalwerk, daß sie eigentlich keine selbständigen, vom Originalwerk getrennt auszuweisenden Werkelemente haben kann. Die Übersetzung ist ihrem Wesen nach eigentlich eine hochwertige künstlerische Leistung, und es sind nur die Elemente der eigenpersönlichen Sprachbehandlung, die es überhaupt ermöglichen, die Übersetzungen im beschränkten Maße urheberrechtlich erfassen zu versuchen. Wo solche eigenpersönliche Sprachbehandlung nicht gegeben ist, dort schließt die DurchfVO den urheberrechtlichen Schutz ausdrücklich aus (§ 3 Abs. 2). Auch dann, wenn die Übersetzung eigenpersönliche Elemente aufweist, stehen dem Übersetzer auf urheberrechtlicher Basis nur in solchen Nutzungsfällen Ansprüche zu, wo seine Übersetzung wörtlich wiedergegeben oder wenn in Adaptationen in derselben Sprache sprachliche Besonderheiten der Übersetzung übernommen werden. Soll aber über die Übersetzung hinweg auf das Originalwerk, auf dessen Inhalt oder gar innere Form zurückgegriffen werden, so kann sich der Übersetzer auf keine Berührung seiner Rechte berufen. Wird also das Werk unter Heranziehung seiner Übersetzung in einer anderen Sprache adaptiert oder in eine dritte Sprache übersetzt, so wird die erste Übersetzung nicht urheberrechtlich relevant benützt, es wird vielmehr dem **Originalwerk** eine neue Fassung bzw. Form gegossen[12].

---

[12] Ausführlicher **Boytha**: „Urheberrechtliche Konsequenzen ..."

3. Subjekt des Urheberrechts: der Urheber

a) Die Urheberschaft

Das Urheberrecht steht demjenigen zu, der das Werk geschaffen hat (§ 4 Abs. 1 URG). Er ist der Urheber. Das Gesetz läßt also all denen ein Urheberrecht entstehen, die ein Werk schaffen, welches ihre den urheberrechtlichen Forderungen gerecht werdende schöpferische Arbeit manifestiert. Dementsprechend präzisierte der Gesetzgeber hinsichtlich Werke der Baukunst bzw. Schöpfungen technischer Anlagen, daß das Urheberrecht an solchen Werken dem Urheber des einschlägigen Entwurfs zusteht (§ 44 Abs. 1 URG).

Das Urheberrecht kann auch dann nur dem Schöpfer des Werks zustehen, wenn dieser sich nicht zu erkennen gibt oder dieser aus anderen Gründen nicht zu identifizieren ist. Wird ein Werk ohne Namen oder unter einem fingierten bzw. Decknamen veröffentlicht, so werden zwar die Urheberrechte von demjenigen wahrgenommen, der das Werk zum ersten Mal veröffentlichte, diese Person kann aber selbst in solchen Fällen nicht als Urheber gewertet werden, und auch ihre Wahrnehmungsberechtigung erlischt mit dem Auftreten des Urhebers (§ 6 Abs. 1 URG).

In Anlehnung an Art. 15 Abs. 4 a) der Stockholmer Fassung der Berner Übereinkunft wurde im URG auch die Vertretung unbekannter Autoren von nicht verlegten Werken geregelt, wenn mit Grund angenommen werden kann, daß der unbekannte Urheber ungarischer Staatsangehöriger ist. In Wahrnehmung des Urheberrechts des unbekannten Autors ist das Büro zur Wahrung der Urheberrechte befugt (§ 6 Abs. 2 URG; § 4 Abs. 2 DurchfVO). Wie bekannt, wurde diese Regel in Stockholm zur Ermöglichung der Verwertung von Folklore-Werken, vornehmlich im Interesse der Entwicklungsländer angenommen. Bei der Anwendung von Institutionen des Urheberrechts zum Schutz begründeter kultureller Interessen, die aber ihrem Sinne nach außerhalb des Gebietes des eigentlichen Urheberrechts liegen, ist jedoch große Vorsicht geboten, denn Werke der Volkskunst sind Ergebnisse eines kollektiven und anonymen, sich über Generationen hinwegziehenden Schaffungsprozesses, dem gerade die für das Urheberrecht entscheidende Eigenpersönlichkeit fehlt. Der urheberrechtliche Schutz von Folkloregütern ist mit der persönlichkeitsrechtlichen Konzeption des Urheberrechts schwierig zu vereinbaren und wurde nur auf der Grundlage von Vorstellungen über das geistige Eigentum erdacht[13].

---

[13] Tunesien hat zum Beispiel in seinem Urheberrechtsgesetz aus 1967 die Folklore-Werke zum **Teil des Nationalvermögens** erklärt und dem Minister für Kultur auf

Um die Grundlagen des Urheberrechts nicht zu verwässern und dadurch die Effektivität des Urheberschutzes zu gefährden, zugleich aber auch die begründeten nationalen Interessen in Bezug auf das eigene Folkloregut zu berücksichtigen, wäre es angebracht, **die Werke der Volkskunst als solche** unter Schutz zu setzen. Die Frage ist hauptsächlich im internationalen Kulturaustausch bedeutungsvoll; Folkloregut sollte als Schutzkategorie *sui generis* behandelt werden, wenn auch im Rahmen der Urheberrechtsregelungen, ähnlich dem Werkschutz nach Ablauf der urheberrechtlichen Schutzfrist oder den verwandten Schutzrechten. Die Wahrung der Rechte unbekannter Autoren würde sich demgemäß nach wie vor auf Fälle individueller Urheberschöpfungen beschränken.

b) Mehrere Urheber gemeinsamer Werke

Das Problem der Urheberschaft wird mannigfaltiger, wenn das Werk Ergebnis der Arbeit mehrerer Schöpfer ist. Kann das gemeinsame Werk in keine selbständigen Teile zerlegt werden, so steht allen Urhebern ein einheitliches Urheberrecht zu gesamten Hand zu. In solchen Fällen spricht das Gesetz von **Miturhebern.** Das bedeutet, daß sie mangels anderweitiger Vereinbarung über das Werk nur gemeinsam verfügen können. Laut Stellungnahme des Obersten Gerichts gilt eine im Vertragsverhältnis vom Berechtigten dem einen Miturheber zugestellte Erklärung auch gegenüber den anderen Miturhebern als wirksam (Pf. 20853/1964, gestützt auf das Zivilgesetzbuch, § 334 Abs. 2). Im Zweifelsfall steht den Miturhebern das Urheberrecht zu gleichen Teilen zu; Erlöse aus Nutzungen des einheitlichen Werks sind gemäß den einzelnen Urheberanteilen aufzuteilen. Gegen Verletzung des einheitlichen Urheberrechts können aber die einzelnen Miturheber auch selbständig auftreten (§ 5 Abs. 2 URG). Der persönlichkeitsrechtliche Inhalt des einheitlichen Urheberrechts an einem gemeinsamen Werk ist notwendigerweise auch in solchen Fällen gespalten bzw. vermehrt: ein jeder Miturheber hat sein eigenes Recht auf Namensnennung, auf Änderungsverbot, auch gegenüber den anderen Miturhebern. Der Ausübung bestimmter persönlichkeitsrechtlicher Befugnisse gegenüber dem Willen anderer Miturheber (z. B. des *droit de repentir* entgegen dem Willen auf weitere Verwertung) setzt im Zweifelsfall das Verbot des Rechtsmißbrauches Grenzen (Zivilgesetzbuch § 5).
Können die Teile eines gemeinsamen Werks, ohne es zu beeinträchtigen, getrennt werden, so steht jedem Urheber ein selbständiges Urheberrecht

dieser Basis diesbezügliche ausschließliche Verfügungsrechte eingeräumt (§ 6 jenes Gesetzes).

an seinem Teil zu. In solchen Fällen werden die Urheber vom Gesetz **Urheberpartner** genannt, um sie von den Miturhebern untrennbarer Werke zu unterscheiden (§ 5 Abs. 2 URG). Die Selbständigkeit der Urheberpartner wird bezüglich nicht für die Bühne bestimmter Musikwerke mit Text[14] bedeutend eingeschränkt, indem der Textdichter bei Aufführungen des Werks nur dann Vergütung beanspruchen kann, wenn die Rechte an der Musik noch nicht erloschen sind (§ 40 Abs. 2 URG). Durch diese Regel sollte hinsichtlich Musikwerke nicht nur der Vorrang, die entscheidende Bedeutung der Musik betont, sondern auch dem vorgebeugt werden, daß der Urheber an sich unbedeutender Texte auf den Wellen beliebter klassischer Melodien ungerechtfertigte Einnahmen erzielen.

c) Urheber von Sammelwerken

Erwähnenswert ist in diesem Zusammenhang die Frage der Urheberschaft an Sammelwerken. Der Urheber eines Sammelwerkes eigenschöpferischer Prägung ist der Herausgeber. Laut § 38 der VerlagsVO ist als Herausgeber anzusehen, wer im Falle eines Sammelwerks eine über die Grenzen der einfachen Auslese hinausgehende Tätigkeit entfaltet bzw. Werke mehrerer Autoren in einheitlichem Aufbau zusammenfaßt. Die Bedingung der eigenpersönlichen Gestaltung wird somit auch für die Urheberschaft an Sammelwerken gestellt.
Dem Herausgeber steht das Urheberrecht an der Zusammenstellung in ihrer Gesamtheit unbeschadet der Rechte der Urheber der einzelnen Beiträge zu. Sein Werk ist untrennbar von dem gesammelten und geordneten Stoff, es besteht lediglich in der herausgeberischen Gestaltung einer aus fremdem Material bestehenden Sammlung, wobei die in den Band aufgenommenen Werke oder Werkteile weder inhaltlich noch ihrer Form nach bearbeitet werden. Das herausgeberische Werk wird von der Mehrheit der zusammengewählten Werke getragen (die Gesamtanlage des Sammelwerks wird meistens durch Wegfall des einen oder anderen Beitrages im wesentlichen nicht berührt). Der Herausgeber wird somit Miturheber der in seinem Band vertretenen Autoren, er kann sein Werk von den gesammelten Beiträgen nicht loslösen, er kann über den Sammelband nur mit Zustimmung der übrigen Urheber verfügen. Diese können sich hingegen das Recht zur anderweitigen Verfügung über ihren Beitrag in der Regel vorbehalten und ihr Werk auch von dem Sammelband getrennt

[14] Das Oberste Gericht hat in seinem Urteil vom 16. November 1961 festgestellt, daß bei einem Tanzlied Musik und Text in der Regel trennbar sind, da beide als selbständige Werke bestehen können (Schulze, Ausl. Ungarn, Nr. 2).

verwerten (dies ist der Fall besonders bei Zusammenstellungen bereits veröffentlichter Werke); im Rahmen des Sammelbandes sind also die Autoren der gesammelten Werke eher als **Urheberpartner** zu werten.

d) Urheberschaft bei Bearbeitungen

Ein besonderer Fall mehrerer Urheber liegt bei Bearbeitungen vorbestehender Werke vor. Der Urheber des Originalwerks nimmt zwar am Schaffensvorgang der Bearbeitung nicht teil; sein Schaffen wird aber ins neue Werk eingebaut. Originalurheber und Bearbeiter schaffen zwar getrennt und aufeinanderfolgend, in der entstandenen Adaptation sind die Schöpfungen beider Urheber jedoch untrennbar vereint. Urheber der bearbeiteten Fassung ist allein der Bearbeiter, die Verschmelzung des Originalwerks mit seinen eigenen schöpferischen Zutaten stammt allein von ihm. Sein Schaffen ist aber nur ohne Beeinträchtigung der Rechte des Originalurhebers zulässig: daraus folgt, daß er auch den Namen des Originalurhebers und den Titel dessen bearbeiteten Orignalwerks in seiner Bearbeitung nennen muß. Somit kann wohl eine **indirekte Urheberschaft des Originalautors** auch hinsichtlich der Bearbeitung festgestellt werden (vgl. § 4 URG).

e) Filmurheberschaft

Hinsichtlich Filmen kommt sowohl der Problematik mehrerer Urheber eines gemeinsamen Werks als auch der Frage der Urheberschaft bei Bearbeitungen besondere Bedeutung zu. Die ungarische Urheberrechtsgesetzgebung hat sich eindeutig gegen die klassische angelsächsische Auffassung entschieden, wonach die Urheberrechte am Film zugunsten des Filmherstellers entstehen. In Ungarn wurde auch jede Kompromißlösung vermieden, die geeignet wäre, dem Filmhersteller wenigstens in Bezug auf die vermögensrechtlichen Befugnisse einen Urheberrechtsanteil *ex lege* zu ermöglichen, wie dies z. B. im italienischen Urheberrechtsgesetz (§ 45) der Fall ist. Das neue URG schlug eher einen der französischen Regelung ähnlichen Weg ein. Dem Prinzip getreu, daß in Ungarn das Urheberrecht mit Rücksicht auf den eigenpersönlichen Charakter der geistigen Schöpfung gestaltet wird, und der sozialistischen Konzeption des subjektiven Urheberrechts entsprechend, wonach das ausschließliche Verfügungsrecht am Werk persönlichkeitsrechtlich begründet, zugleich aber in enger Zusammengehörigkeit der persönlichkeitsrechtlichen und vermögensrechtlichen Befugnisse des Urhebers ausgebaut wird, sind vom neuen URG nur natürliche Personen als Urheber des Films anerkannt, die zur Gestaltung des gemeinsamen, neuen Urheberwerks als ganzes schöpferisch beigetragen haben. Der Filmhersteller, wie es auch aus seiner Bezeichnung hervorgeht, ist kein Werkschaffender: er organisiert die schöpferische Arbeit anderer Personen und sorgt für die dazu nötigen materiellen Grundlagen. Seine Arbeit wird als bedeutende Leistung geschätzt, kann aber nicht als Urhebertätigkeit gelten. Seine Interessen im Zusammenhang mit dem produzierten Film müssen also auf anderen Wegen, mittels von den Filmurhebern abgeleiteter Rechte, gesichert werden.

Laut dem neuen URG gelten als Urheber des Films die Autoren der für den Film geschaffenen literarischen und musikalischen Werke, der Regisseur und all jene, die zur Gestaltung des Films als ganzes ebenfalls in schöpferischer Weise beigetragen haben (§ 41 Abs. 1). Urheber des Films ist also nur derjenige, der ein **eigens für den Film** bestimmtes Werk schuf (Filmnovelle, Drehbuch, Filmmusik, Regie usw.) und mit seinem Schaffen die **Ausgestaltung des Filmganzen** gefördert hat. Der Kreis solcher Urheber erstreckt sich selten über die im Gesetz beispielsweise aufgezählten Autoren auf andere Personen hinaus. Gegebenenfalls kann z. B. der Choreograph als Filmurheber gelten, oder manchmal – es kann vornehmlich bei Filmreportagen vorkommen – der Kameramann, wenn er nicht nur die Vorstellungen des Regisseurs durch seine technischen Kenntnisse verwirklicht, sondern mit originellen Lösungen eigenpersönliche Züge dem Film verleiht.

Derjenige, der zwar für den Film, aber nur einzelne Filmteile bereichernd Neues schuf (z. B. Gemälde oder Statue, Innendekoration, Kostüme usw.) wird nicht Urheber des Films. Sein Urheberrecht beschränkt sich auf das dem Filmhersteller zur Verfügung gestellte Werk, und muß bei der filmischen Nutzung als solches berücksichtigt werden.

In besonderer Lage befinden sich jene Urheber, deren Werke zwar nicht für den Film geschaffen wurden, darin jedoch verwendet werden. Eine große Zahl solcher Werke bestimmt den vollen Inhalt des Films und dessen ganzes Gepräge; denken wir an verfilmte Romane, Dramen, Opern, sonstige musikalische Werke. Hinsichtlich solcher Werke bedeutet die Verfilmung eine besondere Art der Bearbeitung; die allgemeine Schutzregel betreffend die Urheber von bearbeiteten Werken wird im Hinblick auf die filmische Bearbeitung dahingehend spezifiziert, daß die Bestimmung über die Filmurheber keineswegs die im Gesetz gesicherten Rechte der Urheber der im Film genutzten sonstigen Werke berührt (§ 41 Abs. 1). Diese Autoren werden also, wie im Zusammenhang mit den Bearbeitungen im allgemeinen bereits geschildert, **indirekte Miturheber** des Films. Ihr Name muß im Film ebenfalls aufscheinen; das Publikum muß auch dar-

über informiert werden, welches ihrer Werke als Grundlage oder sonstwie im Film benutzt wurde.
Die Regeln der Filmurheberschaft erstrecken sich im Sinne des § 31 DurchfVO auch auf die Urheberschaft an Fernsehspielen, ohne Rücksicht auf die Art ihrer Aufzeichnung.

4. Inhalt des Urheberrechts

Der Umstand, daß das einheitliche Urheberrecht zugleich ein aus persönlichkeitsrechtlichen und vermögensrechtlichen Komponenten **zusammengesetztes** Recht ist, kommt im § 7 URG durch Zerlegung des dem Urheber zustehenden Rechts in der Person anhaftende Rechte und in Vermögensrechte zum Ausdruck. Es sind somit diese beide Rechtsgruppen, die den Inhalt des subjektiven Urheberrechts ausmachen.

a) Der Person anhaftende Rechte

Der grundlegende persönlichkeitsrechtliche Charakter des Urheberrechts wird erstens dadurch betont, daß die der Person anhaftenden Rechte an erster Stelle angeführt sind, und zweitens durch eine, über die Generalregel des § 10 hinaus in die Einzelheiten gehende Regelung dieser Rechte. Hauptanliegen der Gesetzgebung war gegenüber dem alten Gesetz von 1921 die Anerkennung des persönlichen Wesens des Schöpfungsaktes und die weitgehende Sicherung der damit zusammenhängenden persönlichkeitsrechtlichen Interessen.
Dieser Absicht entspricht auch die Bezeichnung der persönlichkeitsrechtlichen Urheberbefugnisse als „der Person anhaftende Rechte", wodurch in der ungarischen Gesetzgebung seit dem gleichen Wortlaut des Zivilgesetzbuches die Untrennbarkeit der Persönlichkeitsrechte von der Person unterstrichen wird.
Die im URG ausgestalteten der Person anhaftenden Rechte ergänzen auch ihrem Wesen nach das im Zivilgesetzbuch geregelte allgemeine persönlichkeitsrechtliche Material: Sie bauen auf den allgemeinen persönlichkeitsrechtlichen Grundlagen auf und wahren als *ius speciale* die besonderen, sich aus der urheberischen Sichentfaltung ergebenden, auf das geschaffene Werk bezogenen persönlichen Interessen. Durch die persönlichkeitsrechtlichen Bestimmungen des URG wird die Anwendbarkeit der allgemeinen Regeln des Zivilgesetzbuches über die auch der Person des Urhebers anhaftenden sonstigen Rechte weder ausgeschlossen noch berührt (§ 9 Abs. 1 DurchfVO).

aa) Allgemeine Schutzregel

In § 10 URG heißt es, daß eine jede unbefugte Änderung oder Benutzung des Werks das der Person anhaftende Recht des Urhebers verletzt. Wie darauf oben bereits hingewiesen, ist in dieser Bestimmung die enge Verflochtenheit der Vermögensrechte mit den Persönlichkeitsrechten und somit die einheitliche Konzeption des Urheberrechts gesetzlich verankert; zugleich wird aber auch zum Ausdruck gebracht, daß das Entscheidende, das ganze Wesen des subjektiven Urheberrechts bestimmende die persönlichkeitsrechtliche Veranlagung dieses Rechts ist, was letzten Endes die schon erwähnte Unveräußerlichkeit auch der Vermögensrechte zur Folge hat. Alles, was das Urheberrecht berührt, ist zugleich von persönlichkeitsrechtlicher Relevanz. In der DurchfVO wird der Begriff der unbefugten Nutzung ganz breit ausgelegt: So verstößt z. B. gegen das Urheberpersönlichkeitsrecht auch die ungenehmigte Überschreitung der vereinbarten Auflagenhöhe oder der Grenzen des Vertragsgebietes usw. Es wird in Durchführung des soeben zitierten § 10 URG, also im persönlichkeitsrechtlichen Zusammenhang, vorgeschrieben, daß der Werknutzer den Urheber oder seinen Rechtsnachfolger auf dessen Wunsch über die Art und den Umfang der Nutzung informieren muß (§ 7 DurchfVO).

bb) Das Recht zur Veröffentlichung des Werkes

Auch bei Ausbau der einzelnen Urheberpersönlichkeitsrechte beschränkt sich das URG nicht auf Rahmenbegriffe, auf die Erwähnung der wichtigsten Erscheinungsformen des sogenannten *droit moral.* Es wird z. B. nicht einfach festgestellt, daß der Urheber darüber zu entscheiden hat, ob sein Werk veröffentlicht werden kann *(droit de divulgation).* Das Gesetz bestimmt darüber hinaus, daß vor der Veröffentlichung des Werks über dessen wesentlichen Inhalt der Öffentlichkeit nur mit Zustimmung des Urhebers berichtet werden darf (§ 8). Daraus folgt, daß nach der Veröffentlichung der Inhalt des Werks frei besprochen werden kann. Hinsichtlich des Inhalts öffentlicher Verhandlungen und Reden wird dies in § 19 Abs. 1 URG auch unmittelbar festgestellt. Die DurfVO präzisiert weiter: Der Abschluß des Nutzungsvertrages beinhaltet – mangels entgegengesetzten Vorbehaltes – auch die Zustimmung, die Öffentlichkeit über den Inhalt des Werks zu informieren. Hinsichtlich eines nach dem Tod des Urhebers vorgefundenen Werks gilt die widerlegbare Vermutung, daß der Urheber das Werk zur Veröffentlichung bestimmt hat; auch sein Rechtsnachfolger ist aber in der Lage, auf Grund des ihm zustehenden Persönlichkeitsrechts die Veröffentlichung zu verbieten (§ 5 DurchfVO).

Die Veröffentlichung kann auch bei Schriftwerken nicht nur durch Erscheinenlassen erfolgen. Die Deponierung des Manuskripts in einer Bibliothek, wo es den Besuchern zugänglich wird, gilt ebenfalls als Veröffentlichung (Oberstes Gericht Pf. III. 21237/1971).
Der Gesetzgeber berücksichtigte durch die spezielle Verfügungen die Besonderheiten der Art und Weise, wie Schöpfungen der bildenden Künste und der Technik der Öffentlichkeit zugänglich gemacht werden können. Werke der bildenden Künste sind von ihrer originalen dinglichen Beschaffenheit meistens nicht zu trennen, auch die Pläne technischer Einrichtungen werden in der Regel nur einmal verwirklicht. Es war angebracht, zu bestimmen, daß Kunstwerke zwar ohne Vergütung, jedoch nur mit Erlaubnis des Urhebers ausgestellt werden können, es sei denn, daß sich das Kunstwerk im gesellschaftlichen Eigentum befindet oder in einer öffentlichen Sammlung – Museum, Bibliothek, Archiv – aufbewahrt wird, in welchem Fall sich auch eine besondere Genehmigung des Urhebers zur jeweiligen Ausstellung des Werks erübrigt (§ 46 Abs. 2 URG). Zur Ausstellung des Planes einer architektonischen oder technischen Schöpfung bedarf es ebenfalls der Zustimmung des Urhebers (§ 35 Abs. 1 DurchfVO). Andererseits ist der Nutzer der Schöpfung der Kunst oder Technik verpflichtet zu dulden, daß das Werk hergezeigt wird und davon Aufnahmen gemacht werden, wenn dies nicht gegen seine rechtsmäßigen Interessen, z. B. gegen sein Recht auf Industrie- oder Betriebsgeheimnis, verstößt. Ebenso ist der Eigentümer eines Kunstwerks gehalten, das Werk zwecks Ausübung des Urheberrechts dem Urheber zeitweilig zur Verfügung zu stellen (§ 44 Abs. 3 und § 46 Abs. 1 URG). Bezüglich auf Bestellung verfertigter Bildnisse sorgt das URG zugleich auch für Wahrung des persönlichen Rechts auf das eigene Bildnis, indem es zur Ausübung des Urheberrechts die Einwilligung der abgebildeten Person zur Bedingung macht (§ 48).

cc) Das Recht auf Urheberbezeichnung

Das Gesetz regelt auch das Recht, als Urheber genannt zu werden, in Einzelheiten *(droit de paternité*, § 9 URG). Der Urheber muß auch dann genannt werden, wenn nur ein Teil des Werks übernommen, wenn es zitiert oder besprochen wird. Dem Urheber steht das Recht zu, zu verlangen, daß seine Urheberschaft von niemandem in Zweifel gestellt wird. Bei Werken der Baukunst und bei Schaffung sonstiger technischer Anlagen sichert das URG dem Urheber des Entwurfes durch eine besondere Bestimmung das Recht auf Nennung seines Namens am Gebäude oder an der Anlage (§ 44 Abs. 2). Der Urheber ist aber nicht verpflichtet, sich sei-

nerseits zu nennen. Er hat dementsprechend das Recht, sein Werk auch anonym oder unter Decknamen zu veröffentlichen.
Die DurchfVO regelt im Zusammenhang mit dem *droit de paternité* noch weitere Einzelheiten. Der Urheber muß auch auf Plakaten, in Pressemitteilungen, in Programmen, in Film-, Hörfunk- und Fernsehmitteilungen über sein Werk genannt werden, allerdings ist dies vom Umfang und Art der Mitteilung abhängig (§ 6 Abs. 1 DurchfVO). Diese Einschränkung soll so ausgelegt werden, daß wo es nur vernünftigerweise möglich ist, der Urheber im Zusammenhang mit seinem Werk erwähnt werden muß. Laut § 20 Abs. 1 URG können jedenfalls im Rahmen von Wochenschauen, ferner in aktuellen Programmen des Hör- und Fernsehfunks einzelne Werke in dem durch den Anlaß gerechtfertigten Ausmaß auch ohne Nennung des Urhebers gesendet werden.
Der Urheber kann hingegen auch bei erneuter rechtmäßiger Nutzung seines unter Namensnennung veröffentlichten Werks die Unterlassung der Angabe seines Namens verlangen (§ 6 DurchfVO Abs. 2). Zur Wahrung der Interessen des unter einem Decknamen veröffentlichenden Urhebers bezüglich seiner Identität einerseits und hinsichtlich Geheimhaltung seiner wahren Person andererseits regelt die DurchfVO ausführlich ein Anmeldungsverfahren beim Büro zur Wahrung der Urheberrechte (§ 4 Abs. 1 DurchfVO).
Persönlichkeitsrechtliche Interessen werden auch dann berührt, wenn jemand sein Werk unter dem Namen eines anderen veröffentlicht. Dieser Fall gehört aber nicht zum Bereich des Urheberrechts: Derjenige, dessen Name mißbraucht wurde, wird in seinen Rechten nicht im Hinblick auf sein eigenes Werk verletzt, er muß auf Grund der allgemeinen persönlichkeitsrechtlichen Regeln Genugtuung verlangen (Zivilgesetzbuch, § 82 Abs. 1: Recht auf den eigenen Namen; Abs. 2: Schuzt des guten Rufes).

dd) Das Recht auf unveränderte Wiedergabe des Werks

Auch das sogenannte *droit au respect* ist dem Urheber günstiger gestaltet, als es in der Rechtsprechung entwickelt wurde. Der Urheber kann nicht nur gegen seine Interessen offenbar verletzende Änderungen seines Werks vorgehen: dieses Recht könnte er sich auch aus der dem Schutz des guten Rufes dienenden persönlichkeitsrechtlichen Regel des Zivilgesetzbuches ableiten. Laut dem URG verletzt vielmehr eine **jede** unbefugte Änderung sein Urheberrecht (§ 10). Demnach kann der Urheber Streichungen, Kürzungen, Entstellungen jedweder Art und unabhängig von deren Umfang widersprechen, ohne darüber diskutieren zu müssen, ob diese Änderungen seine Ehre oder seinen guten Ruf verletzen. Gewisse Gren-

zen sind allerdings der Ausübung des *droit au respect* auch im ungarischen Urheberrecht gesetzt. Grundsätzlich ist davon auszugehen, daß der Umfang der zulässigen Änderungen im Nutzungsvertrag festzulegen ist; kleinere Korrekturen jedoch, die zur Ermöglichung der bestimmungsmäßigen Nutzung des Werks dienen, wie z. B. Korrekturen objektiv feststellbarer Unrichtigkeiten oder undurchführbarer Regieanweisungen bei Bünnenwerken, wenn dadurch die werkgetreue Aufführung nicht gefährdet wird und die Zustimmung des Urhebers nach Treu und Glauben nicht verweigert werden könnte, sind den diesbezüglichen urheberrechtlichen Usancen und den Regeln des Zivilgesetzbuches gegen den Rechtsmißbrauch entsprechend auch in Ungarn nicht als unbefugt anzusehen.
Das URG enthält diesbezüglich folgende Regel: Hat der Urheber der Nutzung seines Werks zugestimmt, so ist er gehalten, die zur Werknutzung unerläßlichen oder offenbar erforderlichen und das Wesen des Werks nicht beeinträchtigenden Änderungen durchzuführen; will er oder kann er dieser Verpflichtung nicht nachkommen, so steht es dem Nutzungsberechtigten frei, die Änderungen selbst durchzuführen (§ 30 URG).
Hinsichtlich entwurfskünstlerischer Werke zum Zwecke der industriellen Produktion bestimmt das URG für Fälle, in denen das Änderungsrecht dem Werknutzer vertraglich eingeräumt wurde, daß vor Durchführung der Änderung der gestaltende Künstler trotzdem anzuhören ist (§ 47 Satz b). Somit ist die Möglichkeit gegeben, eine beiderseitig zufriedenstellende Lösung zu finden. In dieser Kompromißlösung sind bereits Elemente des Geschmacksmusterrechts vorzufinden, die Regel ist nicht rein urheberrechtlicher Prägung.
Dem Bereich des *droit au respect* ist auch die Bestimmung zuzuordnen, daß zur Verwendung von Bildern bei der Herausgabe eines Werkes der Literatur die Zustimmung des Verfassers ebenfalls einzuholen ist (§ 37 URG). Auch diese Regel hat aber ihre Schranken; hat der Verfasser zugestimmt, sein Werk illustriert zu verlegen, so kann er seine Einwilligung zur Verwendung einzelner ausgewählter Bilder nurmehr aus triftigem Grund verweigern (§ 27 DurchfVO).

ee) Das Rückrufsrecht

Gleichfalls ausführlich wird das *droit de repentir* geregelt. Der Urheber kann aus irgendeinem wichtigen Grund seine Zustimmung zur Veröffentlichung seines Werks widerrufen, bzw. die weitere Nutzung seines bereits veröffentlichten Werks untersagen. Dieses Recht steht also dem Urheber nicht nur im Falle der Wandlung seiner Überzeugung zu, seine Entscheidung kann auch durch andere gewichtige Motive begründet werden. Er hat

aber dem Werknutzer, dem er früher seine Einwilligung zur Werknutzung gegeben hat, den durch die Rückrufserklärung bis dahin entstandenen Schaden zu ersetzen (§ 11 URG).
Die Ausübung des Rückrufsrechts bzw. die diesbezüglichen Verfügungen des Urhebers müssen schriftlich erfolgen. Die Gründe, die den Urheber zum Rückruf veranlassen, sind anzuführen (§ 8 DurchfVO).
Eine Variante des Rückrufsrechts wird im Zusammenhang mit der gesetzlichen Lizenz des Rundfunks (§ 22 Abs. 1 URG) durch eine besondere Regel gesichert: Wenn der Urheber sein bereits veröffentlichtes Werk ändert und dies dem Hör- und Fernsehfunk unter Zusendung der neuen Fassung mitteilt, so ist der Rundfunk nurmehr zur Sendung dieser neuen Fassung ohne vorherige Rückfrage beim Verfasser berechtigt (§ 22 Abs. 2 URG).

b) Vermögensrechte

Der vermögensrechtliche Inhalt des Urheberrechts wird im Gesetz auf andere Art bestimmt. Es kommt nicht zur Aufzählung einzelner Verwertungsbefugnisse: im Gegenteil, es werden jene Fälle erschöpfend aufgezählt, wo zur Werknutzung keine Zustimmung des Urhebers einzuholen ist. In allen sonstigen Nutzungsfällen bedarf es der vorherigen Einwilligung des Autors (§13 Abs. 1 URG). Durch Rechtsnormen wird nur der allgemeine Begriff der Werknutzung bestimmt: Unter Werknutzung im Sinne des URG ist jener Vorgang zu verstehen, durch welchen das Werk oder ein Teil dessen der Öffentlichkeit zugeführt wird; dies bezieht sich auch auf Bearbeitungen, Aufarbeitungen und Übersetzungen (§ 10 Abs. 1 DurchfVO).
Die wichtigste Regel vermögensrechtlicher Relevanz besteht darin, daß für die Nutzung des Werks dem Urheber oder seinem Rechtsnachfolger – mit Ausnahme der Fälle der freien Werknutzung – eine Vergütung zusteht. Auf die Vergütung kann nur durch ausdrückliche Erklärung verzichtet werden (§ 13 Abs. 3 URG). Durch diese Regel wird das sozialistische Prinzip der arbeitsorientierten Verteilung auf dem Gebiet des Urheberrechts konkretisiert; die allgemeinen Vorschriften über die Urhebergebühren bedeuten die gesetzliche Sicherung der materiellen Entgeltung der im Werk verkörperten schöpferischen Urheberarbeit.
In der Frage, welche Urhebergebühren der ehelichen Vermögensgemeinschaft zugerechnet werden müssen, ist deren Fälligkeit maßgebend. Die im Laufe des Bestehens der Ehe fällig gewordenen Urhebergebühren gehören zur ehelichen Vermögensgemeinschaft (Grundsatzentscheidung des Obersten Gerichts Pk. 116).

In der DurchfVO wird dafür gesorgt, daß die Urhebergebühren auch zugunsten von unbekannten oder sich an unbekanntem Ort aufhaltenden Urhebern entsprechend entrichtet werden. Diese Gebühren sind vom Werknutzer beim Büro zur Wahrung der Urheberrechte, bei Werken der Kunst zum Kunstfonds der Ungarischen Volksrepublik einzuzahlen. Die einbezahlten Beträge sind dem sich innerhalb der im Zivilgesetzbuch festgesetzten fünfjährigen Verjährungsfrist meldenden Berechtigten auszuzahlen. Die unbehobenen Gebühren sind zur Unterstützung der Kultur und zu Wohlstandszwecken der Urheber zu verwenden (vgl. § 10 Abs. 2 DurchfVO).
Die umfassende Regelung des vermögensrechtlichen Inhaltes des Urheberrechts hat nicht nur gegenwartsbezogene Vorteile: Durch das Gesetz wurden somit auch solche Nutzungsarten mit erfaßt, die heute noch nicht oder nur noch in Umrissen abzusehen sind. Die jeweiligen subjektiven Urheberrechte erstrecken sich auf sämtliche jeweils gegebene Nutzungsarten; neue Nutzungsarten bedürfen neuer Zustimmung des Urhebers.

c) Urheberrecht an Werken aus Arbeitsverhältnis

Grundsätzlich gibt es keinen Unterschied zwischen Urheberrechte an frei geschaffenen Werken und an solchen, die auf Grund eines Arbeitsverhältnisses geschaffen wurden. Das urheberrechtlich entscheidende eigenpersönliche Schöpfungsmoment ist in beiden Fällen dasselbe. Das Wesen des Arbeitsverhältnisses bringt es jedoch mit sich, daß der Inhalt des Urheberrechts an Werken, die in Erfüllung arbeitsrechtlicher Verpflichtungen zustande kommen, durch den Inhalt des Arbeitsverhältnisses beeinflußt wird und demzufolge einer besonderen gesetzlichen Regelung bedarf. Die einschlägigen Rechtsnormen enthalten eine erschöpfende Aufzählung der Abweichungen von den allgemeinen Regeln; in urheberrechtlichen Fragen, die von dieser speziellen Regelung nicht erfaßt sind, gelten die sonstigen Bestimmungen des Urheberrechts. Wo diese nicht ausreichen, dort kommen die Regeln des Zivilgesetzbuches, und in Bezug auf das Arbeitsverhältnis jene des Arbeitsrechts zu Wort.
Der Mangel an diesbezügliche Regeln vor dem neuen URG und die Versuche der Gerichte, wegweisende Bestimmungen aus bestehenden Rechtsnormen abzuleiten, veranlaßten den Gesetzgeber, möglichst ausführlich zu formulieren, um auf diesem umstrittenen Gebiet eindeutige Gesetzmäßigkeit zu ermöglichen. Es ging um die Harmonisierung der gesellschaftlichen und Urheberinteressen in einem Bereich, wo das urheberrechtliche Schaffen durch bestimmte Aufgaben erfüllende Unternehmen bzw. sonstige Anstalten mittels arbeitsrechtlicher Hebel organisiert wird.

Es mußten sowohl dem Urheber gewisse Schranken gesetzt werden, um dem Arbeitgeber entsprechende Verfügungsmöglichkeit über das Werk zu sichern, zugleich aber war auch die Verfügungsgewalt des Arbeitgebers einzudämmen, um der Aushöhlung des Urheberrechts vorzubeugen und die grundlegenden Urheberinteressen auch in diesem Sonderfall zu gewähren.
Die Sonderregelung betrifft vor allem Mitarbeiter bzw. Angestellte der Presse, des Hör- und Fernsehfunks, der Filmfabriken, wissenschaftlicher Institutionen, von Forschungsinstituten, Museen und dergleichen, wo das urheberische Schaffen mit den sonstigen täglichen Arbeitsaufgaben eng verbunden ist und dem Urheber das aufzuarbeitende Material, die verschiedenen Quellen, sonstige Unterlagen usw. bereitgestellt werden, wie auch die Möglichkeit, während der Arbeitsstunden zu schaffen.
In solchem Kreis ist das Objekt des Urheberrechts ein in Erfüllung einer zum Arbeitskreis gehörenden Verpflichtung des Urhebers geschaffenes Werk; zur Nutzung dieses Werks ist auf Grund des Inhaltes des Arbeitsverhältnisses der Arbeitgeber berechtigt. In diesem Fall gilt die Übergabe des Werks bereits als Zustimmung zur Veröffentlichung und Nutzung des Werks. Der Umfang der somit erworbenen Nutzungsrechte wird vom Inhalt des Arbeitsverhältnisses bestimmt, der Arbeitgeber kann seine Rechte am Werk nur in diesem Kreis ausüben: Seine Werknutzung kann die Grenzen seines Tätigkeitsbereichs nicht überschreiten. Außerhalb dieses Bereichs verfügt der Urheber über sein Werk, kann es aber nur mit Zustimmung des Arbeitgebers nutzen; der Arbeitgeber darf seine Zustimmung nur aus triftigem Grund verweigern, ansonsten begeht er Rechtsmißbrauch. Er kann die Nutzung durch den Urheber lediglich dann verhindern, wenn durch diese eines seiner rechtlich geschützten Interessen verletzt oder gefährdet würde (§ 14 Abs. 1 URG; § 11 Abs. 2 DurchfVO; vgl. auch § 32 Abs. 3 DurchfVO).
Die Einschränkung der Verfügungsberechtigung des Urhebers ist im URG auch zeitlich bedingt. Wird die längste Zeitdauer der Ausübung des Nutzungsrechts durch Rechtsnorm bindend festgelegt, so steht nach Ablauf dieser Frist das Nutzungsrecht dem Urheber zu, ebenso auch dann, wenn der Arbeitgeber während einer durch Rechtsnorm bestimmten Zeitdauer das Werk nicht nutzt (§ 14 Abs. 2 URG).
Das Veröffentlichungsrecht des Urhebers kann auch auf Grund eines Arbeitsverhältnisses nicht unbegrenzt blockiert werden. Wenn sich der Arbeitgeber auf keine dagegen wirkenden gesetzlich geschützten Interessen, wie z. B. Schutz des Betriebsgeheimnisses, berufen kann, so kann dem Urheber die Veröffentlichung seines Werks nach Ablauf einer gewissen Zeit auch dann nicht vorenthalten werden, wenn diese Zeitspanne nicht

eigens im Hinblick auf das Arbeitsverhältnis durch Rechtsvorschrift festgesetzt wurde. Im Streitfall würden sicherlich die für die Nutzungsverträge festgelegten Fristen wegweisend sein, nach Ablauf welcher es dem Urheber freisteht, vom Vertrag zurückzutreten. Natürlich werden jeweils die gegebenen Umstände und Ziele zu berücksichtigen sein, durch welche das Schaffen des Werks im Arbeitsverhältnis bestimmt wurde.
Die Rechte, die der Arbeitgeber auf Grund des URG ausüben kann, werden übrigens durch das Aufhören des Arbeitsverhältnisses nicht berührt (§ 11 Abs. 4 DurchfVO).
Aus der geschilderten Regelung ergeben sich zwei wichtige Fragen, die in der DurchfVO entsprechend bedacht wurden: Erstens die entsprechende Gestaltung der aus dem Arbeitskreis fließenden Verpflichtungen, zweitens die Beteiligung des Urhebers an den durch Nutzungsverträge des Arbeitgebers erzielten Erlösen.
Bei der Beurteilung der Frage, ob das Schaffen des Werks zu den arbeitsrechtlichen Verpflichtungen des Urhebers zählt, ist in Streitfällen vom Arbeitsvertrag bzw. von der dem Urheber im Rahmen seines Arbeitskreises gegebenen Anweisung auszugehen. Es ist Aufgabe des Arbeitgebers, den Arbeitskreis des im Arbeitsverhältnis stehenden Urhebers und den Umfang des dem Arbeitgeber zustehenden Nutzungsrechts schriftlich – im Arbeitsvertrag oder sonstwie – festzuhalten (§ 11 Abs. 1 DurchfVO). Diejenigen Nutzungsarten, die dem Arbeitgeber nicht schriftlich zugesichert wurden, stehen also dem Urheber zu. Unter Umfang des eingeräumten Nutzungsrechts soll auch die Dauer der dem Arbeitgeber zustehenden Nutzung verstanden und dementsprechend vereinbart werden, besonders in Ermangelung einer diesbezüglichen Rechtsnorm, um Rechtsstrittigkeiten vorzubeugen.
Wenn der Arbeitgeber im Laufe der Ausübung des ihm zustehenden Nutzungsrechts über das Werk mit einer dritten Person einen Nutzungsvertrag schließt, so steht dem Urheber mindestens 60%, höchstens aber 80% der Lizenzgebühr, nach Ermessen des Arbeitgebers zu, was ihm binnen 8 Tagen vom Empfang der Gebühr auszuzahlen ist. Gehört der Abschluß eines solchen Nutzungsvertrages zum Aufgabenkreis des Arbeitgebers, so kann er die Beteiligung des Urhebers am Erlös – mit Rücksicht auf den Kostenaufwand im Zusammenhang mit der Schaffung des Werks – auch niedriger als 60% der Urhebergebühr festsetzen (§ 12 DurchfVO). Etwas ist allerdings auch in solchen Fällen über den Arbeitslohn hinaus zu zahlen.
Mit Rücksicht auf die Beschaffenheit des Arbeitsverhältnisses wurden im URG bezw. in der DurchfVO auch zwei persönlichkeitsrechtliche Sonderregelungen getroffen.

Wenn das Werknutzungsrecht dem Arbeitgeber zusteht, so kann dieser auf Grund der aus dem Arbeitsverhältnis fließenden Verfügungs- und Leitungsrechte am Werk auch ohne Zustimmung des Urhebers ändern, ist aber in solchen Fällen gehalten, auf Wunsch des Urhebers die Nennung seines Namens zu unterlassen (§ 11 Abs. 3 DurchfVO; hinsichtlich architektonischer und technischer Pläne muß der Urheber allerdings vor der Gutheißung von Änderungswünschen dritter Personen befragt werden: § 32 Abs. 3 DurchfVO).

Das Recht des Arbeitgebers zur Nutzung des Werks in seinem Tätigkeitsbereich wird durch die Ausübung des Rückrufrechts nicht berührt; er ist aber auch in solchen Fällen verpflichtet, den Namen des Urhebers nicht mehr zu nennen (§ 11 URG; § 11 Abs. 3 DurchfVO; vgl. auch § 33 Abs. 4 DurchfVO).

Das Recht des Urhebers auf Namensnennung wird im übrigen nur insofern betroffen, als hinsichtlich architektonischer und technischer Pläne es dem Arbeitgeber zusteht zu bestimmen, wer am Plan bzw. an dessen Verwirklichung anzuführen ist (§ 33 Abs. 2 DurchfVO).

Eine wichtige Sonderregel verfügt über die herausgeberischen Rechte an Sammelwerken, die in Zusammenstellung von wissenschaftlichen Instituten oder sonstigen staatlichen Organen erscheinen. Die Urheberrechte an solchen Sammelwerken werden – unberührt der Urheberrechte an den in die Sammlung aufgenommenen Werken – *ex lege* vom betreffenden Institut (Organ) wahrgenommen (§ 35 Abs. 1 URG). Die Institution wird nicht zum Urheber: sie nimmt bloß die Rechte jener natürlichen Personen wahr, die die Urheberarbeit der Herausgabe im Arbeitsverhältnis und unter Leitung der Institution vollbrachten.

Die Rechtsnormen betreffend das Urheberrecht an Werken, die in Erfüllung arbeitsrechtlicher Verpflichtung geschaffen worden sind, gelten entsprechend auch hinsichtlich Photographien, Abbildungen und sonstigen Demonstrationsmitteln, die nicht als eigenschöpferische Werke anzusehen sind, sondern Objekte mit dem Urheberrecht verwandter Leistungsschutzrechte sind (§ 36 Abs. 2 DurchfVO). Sie sind z. B. auch auf die Nutzung der Arbeitsprodukte des reproduzierenden Photographen anzuwenden, der bei einem Museum angestellt ist.

5. Schranken des Urheberrechts

Im System des URG wird der Umfang der Verfügungsberechtigung des Urhebers letzten Endes durch Festlegung der Schranken des Urheberrechts bestimmt. Alles, was nicht ausdrücklich erlaubt ist, bedarf, hin-

sichtlich Nutzung des Werks der vorherigen Einwilligung seines Urhebers. Der lückenlose Ausbau der Ausnahmefälle, die in ihrer Gesamtheit die inhaltlichen Grenzen des Urheberrechts bilden, ist daher eines der wichtigsten gesetzlichen Mittel, durch welche die auf das Werk bezogenen Interessen des schaffenden Urhebers und der das Schaffen fördernden und auf Zugang zum Werk Anspruch erhebenden Gesellschaft koordiniert werden.
Das URG bedient sich folgender Hauptarten der Einschränkung des ausschließlichen Urheberrechts:
a) Fälle der freien Werknutzung; b) gesetzliche Lizenzen; c) verschiedene Zwangslizenzarten; d) ausnahmsweise gerichtliche Lizenz.

a) Freie Nutzung

Im Bereich der freien Nutzung kann das Werk unentgeltlich und ohne Zustimmung des Urhebers genutzt werden (§ 16 URG).

aa) Entlehnungen: Anführung und Übernahme

(1) Es dient sowohl der allgemeinen Bildung, als auch einzelnen weiterschaffenden Urhebern, daß Teile eines bereits veröffentlichten Werks im begründeten Umfang und originalgetreu **zitiert** werden dürfen (sog. Kleinzitat). Es liegt auch im Interesse des Urhebers selbst, daß die Aufmerksamkeit durch die Zitate auf sein Werk gelenkt wird; diesem Zwecke dient die Bestimmung, daß die Quelle und der dort genannte Urheber angegeben werden müssen (§ 17 Abs. 1 URG).
Der Ausmaß der frei zitierbaren Werkteile ist nicht genau festgelegt. Entscheidend ist das Verhältnis des zitierten Teils sowohl zum Gesamtwerk, aus welchem es entlehnt wird, als auch zum übernehmenden selbständigen Werk. Das Kleinzitat muß sich auf Teile beschränken, die weder das genutzte Gesamtwerk, noch die eigenschöpferische Urheberarbeit im entlehnenden Werk ersetzen und demgemäß nur kleinere Teile beider Werke ausmachen.
(2) Zum Zwecke des Schulunterrichts – Schulrundfunk und Schulfernsehen inbegriffen – als auch zum Zwecke der Verbreitung wissenschaftlicher Erkenntnisse können auch Teile eines veröffentlichten Werks, die den Umfang des Kleinzitats überschreiten, wie auch selbständige Werke kleineren Umfangs frei **übernommen** werden, ebenfalls neben Angabe der Quelle und des dort angeführten Urhebers (sog. Großzitat). Der Kreis der Werke, die zum Zwecke des Schulunterrichts dienen, wurde in der DurchfVO ausführlich bestimmt (§ 17 Abs. 2 URG; § 14 DurchfVO).

(3) Abbildungen von *Werken der bildenden Künste*, der Baukunst und der angewandten Künste wie auch Kunstphotographien dürfen zum Zwecke wissenschaftlicher oder Erkenntnisse verbreitender Vorträge sowie des Unterrichts unter Angabe des Urhebernamens frei genutzt werden (§ 45 Abs. 2 URG; § 34 DurchfVO).

bb) Kopieren und Verleih von Werkexemplaren

(1) Kopie eines veröffentlichten Werks kann von einem jeden **hergestellt** werden, wenn dies weder Zwecken des öffentlichen Vertriebs noch der Gewinnerzielung dient und die berechtigten Interessen des Urhebers auch sonstwie nicht verletzt. Diese Regel erstreckt sich aber nicht auf Werke der Baukunst und auf technische Anlagen (§ 18 Abs. 1 URG). Die ungarische Regelung lehnt sich an Art. 9 Abs. 2 der Stockholmer Fassung der Berner Übereinkunft an. Die freie Kopiermöglichkeit ist nicht auf eine einzige Kopie beschränkt. Nachdem jedermann solche Kopien herstellen darf, ist es auch belanglos, ob sie vom Nutzer selbst oder in seinem Auftrage von einer anderen Person hergestellt werden; es ist auch unerheblich, mit welchem Verfahren die Kopien verfertigt werden. Der Begriff „Kopie" schließt allerdings eine serienmäßige Vervielfältigungsart aus. Wesentlich ist, daß die Kopien nicht öffentlich vertrieben werden noch sonstwie dem Zweck der Gewinnerzielung dienen. Es handelt sich lediglich um den Privatgebrauch, wobei es auch juristischen Personen, Unternehmen, wissenschaftlichen Instituten usw. möglich ist, für eigenen Gebrauch, das heißt zur Orientierung ihrer Angestellten bezw. interessierten Mitarbeiter, Vervielfältigungsstücke herzustellen. Mit dem Wortlaut des Gesetzes ist auch zu vereinbaren, daß dem Hersteller der Einzelkopie seine Selbstkosten vergütet werden: es wird nur die Gewinnerzielung untersagt. Es muß allerdings darauf geachtet werden, daß durch die Herstellung der Kopien die sonstige Verwertung des Werks nicht gefährdet wird. Meistens handelt es sich um Kopien einzelner Zeitschriftenartikel oder einzelner Beiträge aus Sammelwerken. Es ist nicht zu erwarten, daß deswegen die Zeitschrift mehrfach abonniert oder das Sammelwerk in mehreren Exemplaren angeschafft wird. Eine größere Anzahl von Kopien ganzer Zeitschriftennummern oder Buchausgaben dürfte aber in der Regel auch dann den Vertrieb der kopierten Werke beeinträchtigen und somit gegen die Interessen des Urhebers verstoßen, wenn diese Kopien nur zum internen Gebrauch gedacht sind.
(2) Das **Ansichtsbild** der im freien, an öffentlichen Orten bleibend errichteten **Werke der Künste** kann frei verfertigt und verwendet werden (§ 45

Abs. 1 URG). Wird ein bestimmtes Werk abgebildet, so ist der Name seines Schöpfers zu vermerken (§ 34 DurchfVO).
(3) Im Einklang mit den freien Kopiermöglichkeiten gehört auch das **Ausleihen** einzelner Exemplare des Werks zum Kreis der freien Werknutzung (§ 18 Abs. 2 URG).

cc) Freie Nutzungsfälle der Presse, des Hör- und Fernsehfunks und Wochenschauherstellers

(1) Im Interesse der Förderung der reibungslosen Information breiter Völkerschichten steht es den Tageszeitungen, Zeitschriften, dem Hör- und Fernsehfunk frei, **aktuelle Artikel** wirtschaftlichen oder politischen Inhaltes neben Angabe der Quelle und des vermerkten Urhebers zu übernehmen, wenn dies bei der Originalveröffentlichung des Artikels nicht ausgeschlossen wurde (§ 19 Abs. 2 URG).
(2) Im Rahmen einer Filmberichterstattung, weiters in den aktuellen Programmen des Hör- und Fernsehfunks können einzelne Werke **im Zusammenhang mit den Tagesereignissen** in einem durch den Anlaß gerechtfertigten Ausmaß auch ohne Angabe des Urhebernamens frei wiedergegeben werden (§ 20 Abs. 1 URG).
(3) Öffentlich **ausgestellte Werke** verschiedener Kunstgattungen dürfen sowohl in der Presse, als auch in Filmberichterstattungen und in den Nachrichtenprogrammen des Fernsehens wiedergegeben werden (§ 20 Abs. 2 URG).
(4) Der Fernsehfunk kann Werke der bildenden Künste, der Baukunst oder der angewandten Künste, wie auch Photographien **gelegentlich oder als Dekoration** bedingungslos benützen. Dieses Recht erstreckt sich jedoch nicht auf Werke, die von vornherein als **Dekoration** oder **Schauspielkostüme** verfertigt wurden (§ 19 Abs. 3 URG; § 15 DurchfVO).

dd) Anlaßmäßig bedingte freie Auf- bzw. Vorführungen und Vorträge

(1) Zur Unterstützung des kulturellen Bildungsprogrammes der Schulen ist es erlaubt, bereits veröffentlichte Werke auf Schulfeiern und zu sonstigen Schulzwecken frei vorzutragen bzw. auf- oder vorzuführen. Der Begriff der Schulfeier und sonstiger Schulzwecke wird in der DurchfVO ausführlich umschrieben. Die freie Werknutzung wird auch durch das Verlangen von Eintrittsgeld nicht ausgeschlossen, wenn die Einnahmen zur Förderung des Unterrichts oder der Erziehung dienen; diese Bestimmung

bezieht sich jedoch nicht auf Tanzveranstaltungen (§ 21 Abs. 1 URG; § 17 DurchfVO).

(2) Bei gelegentlich im geschlossenen Kreis veranstalteten Zusammenkünften (z. B. Betriebsfeier auch im Hinblick auf freie Empfangsmöglichkeiten von Hör- und Fernsehfunksendungen, ferner anläßlich Massenveranstaltungen (festlicher Aufmarsch usw.) kann das bereits veröffentlichte Werk frei wiedergegeben werden, wenn damit auch mittelbar kein Gewinn oder keine Gewinnsteigerung erzielt wird und auch die Mitwirkenden kein Honorar erhalten. Um der Umgehung dieser Vorschrift vorzubeugen, wird in der DurchfVO ausführlich beschrieben, was alles als Gewinnerzielung gilt, so z. B. wenn die Werknutzung geeignet ist, den Kundenkreis des Betriebs zu erweitern, oder gar wenn sie nur zur Unterhaltung der den Geschäftsraum besuchenden Gäste dient. Wie Eintrittsgelder werden auch Programmerlöse, die übliche Höhe überschreitende Garderobegebühren usw. beurteilt. Als Honorar der Mitwirkenden gilt auch eine über die tatsächlichen Spesen hinausgehende Kostenpauschale (§ 21 Abs. 2 URG; § 18 Abs. 1 und 2 DurchfVO).

(3) Eine der wichtigsten Regeln der freien Werknutzung knüpft an den **Privatgebrauch.** Das Werk kann zum Privatgebrauch wiedergegeben bzw. vorgespielt werden, wenn dadurch einer Gewinnerzielung auch mittelbar nicht gedient wird. Das Abspielen von Werken mittels Funkgerät, Schallplatte oder Tonband aus arbeitspsychologischen Gründen bzw. im Interesse des Arbeitserfolges – gleichzeitig mit der produzierenden Arbeit – ist gleichwohl als Aufführung zum Privatgebrauch zu werten (§ 21 Abs. 3 URG); § 18 Abs. 3 DurchfVO). Der Begriff des Privatgebrauches wurde übrigens in Abgrenzung gegen den Bereich der öffentlichen Nutzung in einer Entscheidung prinzipieller Bedeutung des Obersten Gerichts wie folgt umschrieben: „Vom Standpunkt des Urheberrechts gilt eine jede Aufführung als öffentlich, welche über den **Rahmen der Familienmäßigkeit und Häuslichkeit** hinausgeht; somit ist der Begriff der öffentlichen Aufführung – in urheberrechtlicher Beziehung – unabhängig davon, ob die Aufführung unbeschränkt zugänglich oder Eintrittsgeld gebunden ist"[15].

b) Gesetzliche Lizenzen

Im Falle einer gesetzlichen Lizenz kann die Nutzung zwar ohne Zustimmung des Urhebers erfolgen, es muß ihm aber wegen der Nutzung ent-

---

[15] Prinzipielle Entscheidung des Obersten Gerichtes „Elvi" 1423/1952/VI.24.

sprechende Vergütung gezahlt werden. Die Einwilligung des Urhebers ist von vornherein durch die Erlaubnis des Gesetzgebers ersetzt; die Nutzung ist zwar nicht frei, jedoch ex lege autorisiert.

aa) Gesetzliche Lizenzen des Hör- und Fernsehfunks

(1) Der Gesetzgeber machte aus der in Art. 11bis des Romtextes der Berner Übereinkunft gesicherten Möglichkeit Gebrauch und hat die Bedingungen der Ausübung des sog. Senderechts in Form einer **gesetzlichen Sendelizenz** festgelegt (§ 22 Abs. 1 URG). Dementsprechend ist der ungarische Hör- und Fernsehfunk berechtigt, gegen Zahlung einer entsprechenden Vergütung bereits veröffentlichte Werke unverändert zu senden, öffentliche Aufführungen zu übertragen sowie von einem öffentlichen Ort Übertragung zu veranstalten.

Für die Übertragung von Aufführungen enthält das URG im Interesse des Urhebers gewisse **Einschränkungen** der gesetzlichen Lizenz. Wurde die Übertragung im Aufführungsvertrag ausgeschlossen oder eingeschränkt, so kann die gesetzliche Sendelizenz nicht ausgeübt werden. Es kommt z. B. oft vor, daß die Fernsehrechte zusammen mit den Filmrechten am Bühnenstück bereits einer dritten Person eingeräumt wurden und der Lizenzgeber im Bühnenvertrag auf diesen Umstand Rücksicht nehmen möchte. Obwohl im Sinne des Art. 11bis der Berner Übereinkunft die Durchsetzung der gesetzlichen Lizenz auf das eigene Land beschränkt auch in solchen Fällen möglich wäre, hat der Gesetzgeber aus praktischen Gründen, nach Erwägung der berührten Interessen davon Abstand genommen. Eine weitere Einschränkung besteht darin, daß der Zeitpunkt der Übertragung mit dem Theater oder sonstigem Veranstalter zusammen festzusetzen ist. Eine Fernsehübertragung kann die Aufführungszahl beeinflussen, es ist von Fall zu Fall zu entscheiden, ob fördernd oder eher negativ.

Das Werk darf zum Zweck der Sendung im Rahmen der gesetzlichen Lizenz nicht bearbeitet werden. Wie im Zusammenhang mit der Übersetzung als abhängiges Werk bereits erwähnt wurde, bedeutet die getreue Übersetzung eines Werks in eine andere Sprache keine Änderung seines Inhaltes noch der sog. inneren Form, es bringt keine Bearbeitung des Werks mit sich. Durch die Übersetzung wird das ursprüngliche Werk mit all seinen Werkeigenschaften einem bloß seiner Sprache nach abweichenden Publikum zugeführt. Somit können fremdsprachig veröffentlichte Werke auch in die ungarische oder in eine andere Sprache treu übersetzt, auf Grund der gesetzlichen Lizenz gesendet werden. Diese urheberrechtliche These entspricht auch jener, innerhalb der Berner Übereinkunft ent-

wickelten Regel, wonach ein verbandsfremder Urheber hinsichtlich seines in irgendeinem Verbandsland zuerst in Übersetzung erschienenen Werks in den anderen Verbandsländern auch gegen Übersetzung aus der Originalsprache geschützt ist: Auch in der Übersetzung ist das Originalwerk als solches erschienen, dem Werk getreue Übersetzungen sind mit dem Originalwerk hinsichtlich Nutzung des letzteren gleichzustellen.
Die den Urhebern zu zahlende **Vergütung** richtet sich nach den einschlägigen Tarifsätzen der FunkVO[16]. Der Hör- und Fernsehfunk ist in Fällen der Ausübung der gesetzlichen Sendelizenz verpflichtet, den Urheber spätestens binnen 15 Tagen von der Sendung gerechnet – unter Mitteilung der Urhebergebühr – schriftlich zu verständigen. Wenn die Gebühr an das Büro zur Wahrung der Urheberrechte zu zahlen ist, wie im Falle ausländischer Berechtigten, so muß auch die Verständigung über die erfolgte Sendung diesem Büro zugestellt werden.
(2) Im Einklang mit der in Brüssel vereinbarten Verfügung des dritten Absatzes des Art. 11bis der Berner Übereinkunft wurde im URG dem Hör- und Fernsehfunk auch eine **gesetzliche Aufzeichnungslizenz** hinsichtlich Werken eingeräumt, deren Senderecht ihm gesetzlich zusteht. Solche Aufzeichnungen können zu Sendezwecken gegen Vergütung auch wiederholt verwendet werden (§ 23 Abs. 1 URG). Die Vergütung für diese Aufzeichnungen ist in der Tarifmäßigen Sendegebühr enthalten.

bb) Gesetzliche Lizenz für Laienschauspielgruppen

Zur Förderung der gesellschaftlichen Verbreitung der Bühnenkultur wurde im URG auch zugunsten von Laienkünstlergruppen eine gesetzliche Lizenz gewährt. Sie sind berechtigt, Bühnenwerke auf Grund eines **erschienenen** Textes ohne Zustimmung des Urhebers, jedoch gegen Vergütung aufzuführen. Die in separater Rechtsvorschrift festgelegte Vergütung ist beim Büro zur Wahrung der Urheberrechte einzuzahlen (§ 20 BühnenVO). Wenn aber die Aufführung auch mittelbar nicht Zwecken der Gewinnerzielung dient, und auch die Mitwirkenden nicht honoriert werden, so geht diese gesetzliche Lizenz in eine Form der freien Werknutzung über, wo dem Urheber keine Vergütung zu zahlen ist. Diese Vorschrift kann gegenüber Ausländern nur dann angewandt werden, wenn dies nicht gegen internationale Übereinkunft verstößt. So ist sie z. B. bezüglich Werken, deren Urheber auf Grund der Berner Übereinkunft geschützt sind (§ 38 URG) nicht anzuwenden.

---

[16] Siehe unter IV, Ziffer 6e.

c) Zwangslizenzen

Das URG regelt auch solche Nutzungsmöglichkeiten, die, ohne daß dafür um die besondere Genehmigung des Urhebers ersucht werden müßte, **auf Grund seiner angenommenen Zustimmung** *(praesumptio juris et de jure)* verwirklicht werden dürfen. Diesen Arten von Zwangslizenz liegen Umstände zugrunde, welchen der Wille des Urhebers zur Nutzung seines Werks objektiv zu entnehmen ist. Auch diese Nutzungen sind in der Regel nur gegen Vergütung zugelassen. Während die gesetzliche Lizenz die Nutzung unmittelbar *ex lege* ermöglicht, sind bei den jetzt besprochenen Zwangslizenzen **bestimmte Handlungen als Bedingungen vorgeschrieben, die der Nutzung vorangehen müssen.** Durch diese Handlungen wird einerseits das Anfragen beim Urheber ersetzt, andererseits die Zwangslizenz erteilt, worauf dann die Nutzung erfolgen kann.
Wie die gesetzlichen Lizenzen, so dienen auch diese Arten von Zwangslizenz letzten Endes der besseren Verbreitung der Werke. Sie sind der Praxis betreffend die nicht-bühnenmäßige Nutzung von Musikwerken, den üblichen Wahrnehmungsformen der sogenannten musikalischen kleinen Rechte, entwachsen. Wenn sie auch formell die Verfügungsberechtigung der Urheber einschränken, so fördern sie dadurch die Vermehrung der Nutzungsfälle; durch Eliminierung des oft langwierigen Autorisationsprozesses, woran kurzfristig geplante Nutzungen häufig scheitern können, helfen sie dem Urheber zur Verbreitung seines Rufes und kommen ihm auch in materieller Hinsicht zugute.

aa) Zwangslizenz für Laienschauspielgruppen

Neben der erwähnten gesetzlichen Lizenz wird den Laienkünstlergruppen auch eine Zwangslizenzmöglichkeit gewährt. Hat nämlich der Urheber dem Büro zur Wahrung der Urheberrechte oder einem anderen vom Minister für Bildungswesen hierzu berufenen Organ sein **Bühnenmanuskript** deswegen überreicht, damit auch Laienschauspielgruppen das Bühnenwerk aufführen können, so wird das Manuskript **berechtigt genutzt,** wenn es der Gruppe von dem genannten Organ überreicht wurde. Besonderer Zustimmung des Urhebers bedarf es nicht, die Zwangslizenz wird durch Übergabe des vom Urheber erhaltenen Manuskriptes seitens des zuständigen Organs erteilt. Die für die Nutzung in separater Rechtsvorschrift festgelegte Gebühr ist beim Büro zur Wahrung der Urheberrechte einzuzahlen (§ 20 BühnenVO). Die Vergütung entfällt – im Falle ausländischer Urheber jedoch nur, wenn dies keinem internationalen Abkommen widerspricht –, wenn die Aufführung auch mittelbar nicht Zwecken der Gewinnerzielung dient und auch die Mitwirkenden nicht honoriert werden (§ 38 URG; § 28 DurchfVO).

bb) Zwangslizenz betreffend die sog. musikalischen und literarischen kleinen Rechte

Zum öffentlichen **Vortrag** eines bereits erschienenen **Werks der Literatur** und zur öffentlichen **Aufführung** eines bereits veröffentlichten **Musikwerks** muß die Zustimmung des Urhebers als erteilt zu betrachten sein, wenn die vom Büro zur Wahrung der Urheberrechte mit Billigung des Ministers für Bildungswesen festgelegte Vergütung entrichtet wurde. Das genannte Büro ist befugt, die Gebühren zugunsten der Urheber im eigenen Namen einzutreiben. Die Zwangslizenz wird mit Entrichtung der festgesetzten Gebühr erworben. Diese Bestimmungen erfassen auch die öffentliche Wiedergabe mittels Radio- und Fernsehgeräte (Oberstes Gericht, Pf. III. 20094/1972). Die literarischen und musikalischen „kleinen Rechte" ausländischer Urheber werden im Rahmen dieser Bestimmungen auf Grund der zwischen dem genannten Büro (ARTISJUS) und den zuständigen ausländischen Wahrnehmungsgesellschaften abgeschlossenen Gegenseitigkeitsverträge wahrgenommen. Diese Regelung erstreckt sich nicht auf Aufführungen der für die Bühne bestimmten Werke der Literatur, auf die bühnenmäßige Aufführung von Musikwerken und auf ungekürzte Aufführung eines für die Bühne gedachten Musikwerks (§ 36, § 40 Abs. 1 und 2 URG; §§ 26, 29 DurchfVO).

d) Gerichtliche Lizenz

Wenn der verfügungsberechtigte Nachfolger des verstorbenen Urhebers seine Zustimmung zur weiteren Nutzung des bereits veröffentlichten Werks ohne zureichenden Grund verweigert, kann die Zustimmung aus gesellschaftlichem Interesse – insofern es nicht gegen internationale Übereinkunft verstößt – durch Urteil des Gerichts ersetzt werden. Die Nutzung erfolgt auch in diesem Fall gegen Vergütung (§ 24 URG).
Das Rückrufsrecht kann, wie bereits gesagt, auch vom Urheber nur aus triftigem Grund ausgeübt werden. Nach Ablauf der Gültigkeit des Nutzungsvertrages kann aber der Urheber ohne Begründung den Abschluß eines neuen Vertrages verweigern. Dieses Recht steht seinem Nachfolger nicht mehr in dieser unbeschränkten Weise zu: wenn er seine Weigerung nicht zureichend begründet, kann seine Zustimmung nach Ermessen des Gerichtes durch Urteil ersetzt werden. Das rechtsgestaltende Urteil kann

nur aus nachweisbarem gesellschaftlichem Interesse gefällt werden, **der Werknutzer hat keinen unbedingten Anspruch darauf.** Die gerichtliche Lizenz ist also als Singularlizenz für seltene Ausnahmefälle gedacht und wird voraussichtlich kaum in Anspruch genommen[17].

5. Dauer des Urheberrechts

Mit der sogenannten Schutzfrist wird im Effekt die Dauer des Urheberrechts festgelegt. Es ist bekannt, daß im Laufe der Kodifikationsarbeiten zum neuen URG die Meinungen über die Frage, wie lange das Urheberrecht nach dem Ableben des Urhebers zugunsten seiner Erben noch anerkannt werden soll, stark auseinandergingen. Verfechter des Gedankens einer Herabsetzung der 50jährigen Frist beriefen sich u. a. darauf, daß diese Schutzfrist in vielen Fällen dort ihren Sinn verliert, wo durch eine zufällige Gestaltung der Erbfolge das Recht des Urhebers völlig fremden Personen zufiel; es wurde auch erwogen, ob es mit dem sozialistischen Leistungsprinzip zu vereinbaren sei, daß im Zusammenhang mit Werken, auf deren Nutzung die Gesellschaft Anspruch erhebt, 80 bis 90 Jahre nach dem Erscheinen des Werks noch Einkommen ohne Arbeit erzielt werden können. Es wurde auch auf die Gesetzbücher Polens, Rumäniens, Bulgariens und der Sowjetunion verwiesen, wo die sozialistische Regelung des Urheberrechts eine kürzere Schutzdauer für angebracht hielt. Schließlich gewannen jedoch jene Argumente die Oberhand, die sich auf die Tatsache bezogen, daß die Kürzung der Schutzdauer gerade die Erben der begabtesten Urheber treffen würde, weil schlechte Werke den Autor ohnehin nicht lange überleben und praktisch keine Einkommensquelle mehr darstellen; die 50jährige Schutzdauer kommt weiterhin erfahrungsgemäß in der Mehrzahl der Fälle noch den dem Urheber verhältnismäßig nahestehenden Erben zugute; schließlich entspricht sie auch der in der Berner Übereinkunft getroffenen Regelung, was für Ungarn als Mitgliedstaat dieser Konvention auch nicht belanglos ist.
Die fünfzig Jahre lange *post mortem auctoris* Schutzdauer wurde im URG hinsichtlich der Vermögensrechte des Urhebers festgelegt (§ 15 Abs. 1); dem Wortlaut des Gesetzes nach sind die der Person anhaftenden Rechte zeitlich unbeschränkt. (§ 12 Abs. 1). Wie aber im Zusammenhang mit den allgemeinen Wesenszügen des subjektiven Urheberrechts

---

[17] Es ist zu beachten, daß die Entscheidung über Erteilung dieser singulären Zwangslizenz keiner administrativen Behörde, sondern dem Gericht zusteht. Vgl. **Majoros:** „Die neue Kodifikation . . .“ S. 234.

bereits dargelegt, bilden die persönlichkeitsrechtlichen Befugnisse des Urhebers laut den übrigen einschlägigen Bestimmungen des URG von den vermögensrechtlichen Befugnissen untrennbar, mit ihnen eng verbunden das einheitliche Ausschließlichkeitsrecht des Urhebers bzw. seiner Erben (vgl. oben III Ziffer 1). Somit hat die 50jährige Schutzdauer auch für die der Person anhaftenden Rechte entscheidende Bedeutung; nach Ablauf der Schutzfrist hören auch die allumfassenden persönlichkeitsrechtlichen Befugnisse als Urheberrechte auf. Aus dem reichen persönlichkeitsrechtlichen Inhalt des erloschenen Urheberrechts entsteht zugleich ein Einspruchsrecht der Gesellschaft gegen Entstellung des Werks und Beeinträchtigung des guten Rufes des Urhebers; dieses Recht kann von dem Büro zur Wahrung der Urheberrechte, dem Kunstfonds der Ungarischen Volksrepublik, den interessierten Verbänden und Gewerkschaften nach ihrem eigenen Ermessen ausgeübt werden (§ 12 Abs. 3 URG; § 9 Abs. 2 DurchfVO). Nach Ablauf der Schutzdauer handelt es sich lediglich um den gesellschaftlichen Schutz kultureller Werte.
Die Frist von fünfzig Jahren ist vom ersten Tag des auf den Tod des Urhebers folgenden Jahres zu berechnen (§ 15 Abs. 2 URG).
An einem gemeinsam geschaffenen Werk (§ 5 Abs 1 URG) dauert das Urheberrecht fünfzig Jahre, gerechnet vom ersten Tag des auf den Tod des zuletzt verstorbenen Miturhebers folgenden Jahres. Bei teilbaren gemeinsamen Werken richtet sich die Dauer der selbständigen Urheberrechte der Urheberpartner in der Regel nach dem Ableben der einzelnen Urheber; bei Musikwerken mit Text steht jedoch dem Textautor, wie im Zusammenhang mit der Urheberschaft bereits erörtert, ein Vergütungsanspruch aus öffentlichen Aufführungen nur dann zu, wenn an der Musik noch das Urheberrecht besteht; diese Einschränkung gilt allerdings nicht für bühnenmäßige Aufführungen des Musikwerks oder für ungekürzte, zwar nichtbühnenmäßige Aufführungen eines für die Bühne gedachten Musikwerks (§§ 15 Abs. 2, 40 Abs. 1 und 2 URG).
Kann die Person des Urhebers nicht festgestellt werden, so währt die Schutzdauer fünfzig auf das Jahr der Erstveröffentlichung des Werks folgende Jahre. Hinsichtlich eines in mehreren Teilen veröffentlichten Werks muß das Jahr der ersten Veröffentlichung je nach Teilen berechnet werden, es sei denn, daß der enge inhaltliche Zusammenhang des Werks die Berechnung vom Jahre der Veröffentlichung des letzten Teils motiviert. Meldet sich aber der Urheber noch vor Ablauf der somit berechneten Schutzdauer, so verlängert sich diese der allgemeinen Schutzfristberechnung entsprechend (§ 15 Abs. 3 URG; § 13 Abs. 1 DurchfVO).
Die Schutzdauer von Rechten an Sammelwerken, die von wissenschaftlichen Instituten oder sonstigen staatlichen Organen zusammengestellt

wurden, beträgt fünfzig auf das Jahr der ersten Ausgabe folgende Kalenderjahre (§ 35 Abs. 2 URG).

Die Schutzdauer für Filme währt fünfzig Jahre vom ersten Tag des auf die erste öffentliche Vorführung folgenden Jahres, gleichviel ob diese Vorführung im In- oder im Ausland stattgefunden hat (§ 15 Abs. 4 URG; § 13 Abs. 2 DurchfVO).

IV. Urhebervertragsrecht

1. Gesellschaftliche Grundlagen der Nutzungsverträge

Die Regelung der urheberrechtlichen Nutzungsverträge ist neben der Festlegung der Schranken des Urheberrechts das andere, vielleicht noch wichtigere Gebiet, wo die Interessen des Urhebers und der auf das Werk Anspruch erhebenden Gesellschaft aufeinander abgestimmt werden können. Diese Interessen müssen von der gesellschaftlichen Bestimmung des Werks ausgehend berücksichtigt werden.

Das Urheberwerk ist in der Regel sowohl von seinem Schöpfer aus, als auch dem Verlangen der Gemeinschaft nach zur Verbreitung in der Gesellschaft, zur öffentlichen Nutzung im breiten Kreis bestimmt.

Der Schöpfer schafft zwar meistens aus eigenem Anlaß, im Normalfall jedoch nicht für sich selbst; er braucht den Widerhall der Öffentlichkeit. Demzufolge kann der Zweck des Urheberrechts nicht Schutz vor Nutzung des Werks überhaupt, sondern nur Schutz vor den billigen Urheberinteressen zuwiderlaufender, d. h. unrechtmäßiger Nutzung sein.

Die Rechtmäßigkeit der Nutzung besteht aber keineswegs allein im Vorliegen der Genehmigung des Urhebers, sondern wird erst durch Beachtung der gesetzlichen Urheberinteressen im ganzen Verlauf des Nutzungsprozesses vollendet. Deswegen ist mit dem statischen Ausbau des ausschließlichen Urheberrechts nur der erste Schritt getan: das subjektive Urheberrecht bildet nur die Grundlage zur Überwachung der Werknutzung. Es muß noch die Regelung der Dynamik des Urheberrechts darauffolgen, d. h. die Gestaltung des Urhebervertragsrechts.

Die Gesellschaft als Gemeinschaft der das geschaffene Werk für sich beanspruchenden Einzelnen ist letzten Endes ebenfalls an einer geregelten Ausübung der Urheberrechte interessiert. Durch das System der Nutzungsverträge wird entsprechender Zugang zum Werk gesichert. Das Urhebervertragsrecht soll auch vom Standpunkt der interessierten Öffentlichkeit aus gesehen für reibungslose Abwicklung der Nutzung sorgen.

In der sozialistischen Gesellschaftsordnung, wo sich die Produktionsmittel im gesellschaftlichen Eigentum befinden und keine gesellschaftlichen Interessen die Unterordnung der Verbreitung von kulturellen Werten unter die Erfordernisse der auf Gewinnerzielung ausgerichteten gewerblichen Nutzung bewirken, sind die miteinander abzustimmenden Interessen des Urhebers und seiner Gesellschaft hinsichtlich rechtlichen und materiellen

Inhaltes der Nutzungsverträge nicht grundsätzlich entgegengesetzter Natur. Kulturelle Aspekte haben auf diesem Gebiet Vorrang gegenüber unternehmerischen Bestrebungen. Die sozialistische Gesellschaft ist daher vorwiegend daran interessiert, daß von den Urhebern immer anspruchsvoller gestaltete Werke der Öffentlichkeit vorgelegt werden. Dieser Erwartung entspricht die Erkenntnis, daß dem Urheber zur Sicherung seiner Schaffensmöglichkeiten und um ihn zur weiteren Schöpfung zu stimulieren im Werknutzungsvertrag entsprechende Bedingungen festzulegen sind, die in erster Reihe die geistige Schaffungsarbeit honorieren und eine anschauliche Mindestvergütung auch unabhängig vom materiellen Erfolg der Nutzung sichern sollen. Im Grunde wird somit durch entsprechende Berücksichtigung der Urheberinteressen auch der Gesellschaft gedient.
Die auf die Verbreitung des Werks gerichteten Erwartungen sowohl des Urhebers als auch der Gesellschaft werden durch die sogenannten Werknutzer (Verlage, Theater, Filmhersteller usw.) realisiert. Unter den gewandelten sozialökonomischen Verhältnissen änderte sich auch die Beschaffenheit dieser Werknutzer wesentlich. Aus dem ehemaligen Privateigentum bzw. staatlichen Eigentum einer auf Privateigentum der Produktionsmittel aufgebauten Gesellschaftsordnung sind die werknutzenden Anstalten ins gesellschaftliche Eigentum übernommen worden. Sie sind also Institutionen jener Gesellschaft geworden, welche einerseits anspruchsvolle, die gegebenen gesellschaftlichen Probleme auf hohem künstlerischen Niveau widerspiegelnde und die wissenschaftlichen Erkenntnisse dem jeweiligen Stand der Forschung entsprechend behandelnde Werke von den Urhebern erwartet, andererseits aber die begründeten rechtlichen und finanziellen Ansprüche der Urheber auch im öffentlichen Interesse anerkennt.
Dementsprechend änderte sich auch die Funktion dieser Institutionen: aus eigennützigen Unternehmen, aus Nutzern der Werke zur Förderung der eigenen Kapital- bzw. Gewinnbildung oder zur Unterstützung der diese Profitbildung sichernden Staatsordnung sind **gesellschaftliche Werkmittler** geworden. Ihre Aufgabe besteht einerseits darin, den Urhebern in ihrer Schöpfungsarbeit beizustehen und ihnen im Schaffen weiterer Werke vorwärtszuhelfen; andererseits müssen sie dafür sorgen, daß die von ihneen in Erfüllung ihrer kulturellen Aufgaben angeommenen Werke der Gesellschaft zugeführt und in möglichst breitfundierten Kreisen verbreitet werden.
Selbstverständlich kann die werkverbreitende Funktion dieser Institutionen nur durch eine industriell-ökonomische Tätigkeit verwirklicht werden. In den meisten Fällen muß das Werk in Form von Industrieprodukten verdinglicht bzw. vervielfältigt werden, um verbreitet werden zu können. Die

Verbreitung der Vervielfältigungsstücke erfolgt im Austauschprozeß Ware gegen Geld, wenn auch unter Vermeidung des im Westen üblichen Rabatthandels, wodurch ein wesentlicher Preisfaktor wegfällt; öffentliche Aufführungen müssen unternehmungsmäßig organisiert werden, usw. Auch müssen die werkverbreitenden Institutionen auf ihre Rentabilität bedacht sein, wenn auch kulturell bedeutende Nutzungen staatlich subventioniert werden. Der wesentliche Unterschied zu der kapitalistisch organisierten Werknutzung besteht jedoch darin, daß hier die ökonomischen Mittel der kulturellen Funktion untergeordnet sind und die Nutzung von Kulturwerten nicht dem Zwecke der Profitbildung dient.
Unter Werknutzung ist also ihrem Wesen nach nicht mehr Nutzung im unternehmerischen Sinne zu verstehen. Die Nutzungsverträge regeln in Ungarn letzten Endes die Bedingungen der gesellschaftlichen Nutzung von Urheberwerken.

2. Allgemeine Bestimmungen

a) Formelle Garantien des Schutzes der Urheberinteressen

aa) Mitwirkende Organisationen

Die Werknutzungsverträge können in den von Rechtsnormen bestimmten Fällen nur mit der dazu berufenen Organisation bzw. über diese Organisation abgeschlossen werden (§ 25 URG). Hier wurden in erster Reihe die mit Ausländern geschlossenen Nutzungsverträge ins Auge gefaßt (§ 20 DurchfVO). Aber auch im Binnenverkehr kann es von Wichtigkeit sein, daß die Interessen des Urhebers und des Werkverbreiters im Nutzungsvertrag durch Mitwirkung einer hierzu berufenen Organisation koordiniert werden. So sind z. B. auch die Bühnenverträge zwischen einheimischen Autoren und Theatern dem Büro zur Wahrung der Urheberrechte binnen 8 Tage einzusenden und auch die sich auf Grund solcher Verträge ergebenden Urhebergebühren für die Urheber mit solutorischer Wirkung an dieses Büro zu zahlen (§ 18 BühnenVO).

bb) Schriftform

Der Nutzungsvertrag muß – soweit durch Rechtsnorm nicht Abweichendes bestimmt wird – schriftlich abgeschlossen werden (§ 27 URG). Die Durchführungsverordnung befreit von dieser Bestimmung Fälle von Verträgen über das Erscheinen in Tageszeitungen und Zeitschriften.

b) Dispositivität zugunsten des Urhebers

Das URG baut auf dem im Zivilgesetzbuch verankerten Prinzip der Dispositivität auf (§ 26 Abs. 1 URG). Es sind in diesem Zusammenhang auch keine Musterverträge vorgesehen, wie z. B. in den Gesetzen der Sowjetunion, Rumäniens oder der Deutschen Demokratischen Republik. Dem Urheber ist aber nicht dieselbe Gewandtheit in Rechtsfragen und in der Gestaltung der materiellen Bedingungen der Nutzungsverträge zuzumuten, wie den mit ihm verhandelnden werkverbreitenden Organisationen. Um die Entartung der grundsätzlichen Gleichstellung der Parteien in eine formelle Vertragsfreiheit zu vermeiden, wurde im Gesetz der wesentliche Inhalt der Nutzungsverträge nicht nur ausgebaut, sondern auch die Garantie gewährt, daß von Vorschriften des Gesetzes, die zum Schutze des Urhebers dienen, zu Lasten des Urhebers nicht abgewichen werden kann. Das Gesetz ermächtigte auch zur Festlegung zwingender Normen in den auf Grund des URG erlassenen Verordnungen, welche also ebenfalls nicht umgangen werden können. Eine gegen diese Bestimmungen verstoßende vertragliche Abmachung ist nichtig und wird durch die entsprechende Rechtsnorm ersetzt (§ 26 Abs. 2 URG). In den Durchführungsverordnungen wurden zugunsten des Urhebers teilweise auch hinsichtlich Vergütung, Zahlungsmodalitäten und Höhe der Gebühr (überwiegend durch Festsetzung unterer und oberer Gebührengrenzen) bindende Vorschriften erlassen. Im Sinne des § 13 Abs. 3 URG kann jedoch der Urheber auf die Vergütung durch ausdrückliche Erklärung auch verzichten. Mangels einer auf die Nutzung verbindlich vorgeschriebenen Vergütung ist die Urhebergebühr Gegenstand freier Vereinbarung (§ 39 DurchfVO).

c) Einschränkende Auslegung der erteilten Rechte

aa) Beschränkung auf ausdrücklich vereinbarte Nutzung

Die Werknutzung muß auf die im Vertrag ausdrücklich vereinbarten Nutzungsarten beschränkt bleiben und darf auch über den vereinbarten Umfang der einzelnen Nutzungsarten nicht hinausgehen. Diese Regel ergibt sich vor allem aus § 13 Abs. 1 URG, wo eine **jede** Nutzung – bis auf die gesetzlichen Ausnahmen – von der Zustimmung des Urhebers abhängig gemacht wurde. Der Werknutzer darf nur zur Ausübung der vereinbarten Nutzung notwendige Nutzungshandlungen vornehmen. Erteilung von Rechten auf Nutzungsarten, die zum Zeitpunkt des Vertragsschlusses noch unbekannt sind, ist als unwirksam zu betrachten.

bb) Keine präsumptive Nutzungsausschließlichkeit

Der Nutzungsberechtigte erwirbt ausschließliches Nutzungsrecht nur in Fällen, wo dies im Vertrag ausdrücklich vereinbart wurde. Die Rechtsnorm kann aber auch Abweichendes verfügen (§ 28 Abs. 1 URG). So wird z. B. gleich im URG vorgeschrieben, daß das vertraglich erworbene Verlagsrecht mit Ausnahme von Sammlungen und der für Tageszeitungen und Zeitschriften verfaßten Werke ausschließlich ist (§ 31 Abs. 2 URG). Zeitlich beschränkt ist auch das Verfilmungsrecht ausschließlich (§ 42 Abs. 3 URG).

cc) Keine freie Übertragbarkeit der Nutzungsrechte an Dritte

Der Nutzungsberechtigte kann seine Rechte in der Regel nur mit Zustimmung des Urhebers anderen übertragen. Die Rechtsnorm kann aber auch Abweichendes verfügen; bei Rechtsnachfolge auf Grund einer Rechtsnorm oder behördlichen Verfügung gehen die Nutzungsrechte auf den Rechtsnachfolger des vom Urheber berechtigten Werknutzers über (§ 28 Abs. 2 URG; § 22 DurchfVO).

dd) Nutzungsrecht und Eigentum am Werkexemplar

Die Übertragung des Eigentums am Werkstück bedeutet weder Einräumung von Nutzungsrechten noch die Übertragung der Verwertungsrechte am Werk.
Das auf Grund des Nutzungsvertrages übergebene Werkexemplar bleibt mangels abweichender vertraglicher Vereinbarung Eigentum des Urhebers (§ 28 Abs. 3 URG).

d) Zusammenarbeit der Parteien im Rahmen von Auftragsverträgen

Über die Annahme des auf Grund eines über ein zukünftig zu schaffendes Werk abgeschlossenen Vertrages übergebenen Werks muß sich der Nutzungsberechtigte innerhalb der durch Rechtsnorm hinsichtlich der verschiedenen Nutzungsarten bestimmten Fristen äußern. Wenn die Rechtsnorm nichts Abweichendes verfügt, beträgt diese Frist zwei Monate von

der Übergabe des Werks. Wichtig im Interesse des Urhebers ist, daß, falls sich der Werknutzer innerhalb der zur Annahme des Werks offenstehenden Frist nicht äußert, das Werk als angenommen gilt.
Der Nutzungsberechtigte hat das Recht, das vollendete Werk im begründeten Fall, unter entsprechender Fristsetzung dem Urheber zur Ausbesserung auch wiederholt zurückzureichen. Die Annahmefrist, mit all ihren Konsequenzen, zählt dann von der Übergabe des ausgebesserten Werks erneut.
Verweigert der Urheber die Ausbesserung ohne zureichenden Grund oder führt er sie nicht fristgerecht durch, so kann der Nutzungsberechtigte vom Vertrag zurücktreten, ohne zur Entgeltzahlung verpflichtet zu sein. Der Vertrag kann also nicht durch einseitig begründete Ablehnung des Werks zum Scheitern gebracht werden: wenn der Urheber die Verweigerung der verlangten Ausbesserung entsprechend motivieren kann und der Nutzungsberechtigte trotzdem auf seinem ablehnenden Standpunkt beharrt, muß die Streitfrage auf den hierzu gebotenen Wegen ausgetragen werden.
Sollte das Werk auch nach Ausbesserung nicht zu Verwendung geeignet sein, so steht dem Urheber immerhin für seine geleistete Arbeit ein ermäßigtes Honorar zu, dessen Höhe in den entsprechenden Durchführungsverordnungen bindend festgesetzt ist (vgl. § 29 URG; § 23 DurchfVO).

3. Der Verlagsvertrag

a) Begriff

Dem Wortlaut des URG nach ist der Urheber auf Grund eines Verlagsvertrages verpflichtet, das Werk dem Verleger zur Verfügung zu stellen, der Verleger hingegen ist berechtigt, es zu verlegen als auch zu vertreiben und ist verpflichtet, dem Urheber Vergütung zu zahlen. Das Verlagsrecht, welches auf Grund des Vertrages ausgeübt werden kann, ist mit Ausnahme von Sammlungen wie auch für Tageszeitungen und Zeitschriften geschaffene Werke ausschließlich und bezieht sich im Zweifelsfall auf die Herausgabe des Werks in ungarischer Sprache (vgl. § 31 URG).
Den gesetzlichen Bestimmungen entsprechend entsteht auf Grund des Verlagsvertrages keine Verpflichtung des Verlegers zur Realerfüllung des Vertrages: die tatsächliche Herausgabe des Werks kann nicht erzwungen werden. Wegen Nichterfüllung des Vertrages in dieser Hinsicht sah der

Gesetzgeber zugunsten des Urhebers die Bezahlung der vollen Autorengebühr auch ohne Werknutzung vor: Die Verpflichtung des Verlegers zur Zahlung der im Vertrag für das angenommene Werk vereinbarten Urhebervergütung ist unabhängig davon, ob er aus seinem Verlagsrecht tatsächlich Gebrauch macht oder nicht.

b) Inhalt

Der Inhalt des Verlagsvertrages wird neben den Bestimmungen des URG ausführlich in der VerlagsVO geregelt. Es ist dabei zu berücksichtigen, daß sich die Wirkung der VerlagsVO nicht auf Verträge erstreckt, in welchen die eine Partei laut den ungarischen devisenrechtlichen Bestimmungen als Ausländer anzusehen ist. Solche Verträge sind den internationalen Gepflogenheiten entsprechend abzuschließen, gleichviel, ob der Verleger oder der Urheber bzw. Lizenzgeber Ausländer ist. Wenn aber eine Gemeinschaftsausgabe eines ungarischen und eines ausländischen Verlags geplant wird und der Verlagsvertrag zwischen dem ungarischen Urheber und dem ungarischen Verlag zustandekommt, so ist die VerlagsVO unabhängig davon anzuwenden, welcher der beiden Verlage an der Gemeinschaftsausgabe als Verleger bezeichnet wird.
Die VerlagsVO ist ferner nicht anzuwenden auf Verträge über das Erscheinen in periodischen Blättern, im Jahrbuch eines Blattes oder in Kalendarien. Die diesbezüglichen Vereinbarungen können im Rahmen des URG frei gestaltet werden (§ 1 VerlagsVO).
In allen anderen Fällen muß im Verlagsvertrag im Einklang mit der VerlagsVO folgendes bestimmt werden: Dauer des Vertrages; Beschaffenheit des Werks (Originalwerk, Bearbeitung, Übersetzung, Sammelwerk usw.); Kunstgattung des Werks (Belletristik, wissenschaftliches, populärwissenschaftliches Werk usw.); annähernd der Umfang des Werks, wenn die Vergütung sich danach richtet; der Werkumfang muß im allgemeinen in sog. „Autorenbogen" festgelegt werden. Ein Autorenbogen erstreckt sich auf 40 000 Buchstabenstellen, bei Gedichten auf 500 Zeilen (§ 4 VerlagsVO); die Vergütung des Urhebers; Zeitpunkt der Übergabe des vollendeten Manuskriptes, falls es nach Abschluß des Vertrages überreicht wird; die Zahl der Autorenexemplare; Erscheinungsfrist (§ 2 VerlagsVO).
Die sog. Nebenrechte und Auslandsrechte werden nach geltendem Recht von ungarischen Urhebern den ungarischen Verlagen nicht eingeräumt; diese bleiben dem Urheber vorbehalten.

c) Vertragsdauer

Der Verlagsvertrag kann nur auf eine bestimmte Dauer oder bestimmte Auflagenhöhe lauten. Durch Rechtsvorschrift kann jedoch der Vertragsschluß auch auf unbestimmte Dauer zugelassen werden. Dies ist der Fall bei Verlagsverträgen mit Ausländern (§ 32 URG; § 25 DurchfVO).
Ansonsten kann sich die Vertragsdauer bei Werken in ungarischer Sprache höchstens auf vier Jahre, bei ungarischen Ausgaben fremdsprachig verfaßter Werke höchstens auf sechs Jahre, bei fremdsprachigen Ausgaben ungarisch bereits erschienener Werke höchstens auf acht Jahre belaufen. Die Vertragsdauer ist vom Tage der Annahme des Manuskriptes zu rechnen (§ 3 Abs. 1 und 2 VerlagsVO).
Mit der Festsetzung von verhältnismäßig kurzen Vertragsdauern wurde vor allem Schwierigkeiten, die sich im Zusammenhang mit der Auflösung bzw. Änderung von Dauerschuldverhältnissen ergeben, vorgebeugt. Die im Zeitpunkt des Vertragsschlusses gegebenen Verwertungsmöglichkeiten können sich ändern, erfahrungsgemäß werden die Urhebervergütungen von Zeit zu Zeit erhöht, usw. Es ist billiger und einfacher, den veränderten Umständen durch Abschluß neuer Verträge zu entsprechen, als überholte Vereinbarungen fortzuschleppen.

d) Auflagenhöhe

Wurde der Vertrag nicht auf eine bestimmte Anzahl von Exemplaren abgeschlossen, so ist der Verleger berechtigt, innerhalb der Vertragsdauer die Auflagenhöhe selbst zu bestimmen und auch mehrere Auflagen zu veranstalten. Die auf einmal verlegten Exemplare zählen zur selben Auflage, auch wenn sie in verschiedener Ausstattung ausgeliefert werden, z. B. gebunden und geheftet (§ 3 Abs. 3 VerlagsVO). Die in einer Gemeinschaftsausgabe mit einem ausländischen Verlag zusammen verlegten Exemplare zählen zur selben Auflage (§ 9 Abs. 3 VerlagsVO). Diese Bestimmungen erlangen praktische Bedeutung, wenn sich die Vergütung auch nach der Auflagenzahl richtet, wie bei wissenschaftlichen und Fachwerken.

e) Annahme des Manuskriptes

Der Verleger hat sich über die Annahme des Manuskripts bzw. hinsichtlich seiner Änderungswünsche binnen vier Monaten, bei Lehrbüchern binnen acht Monaten zu äußern, von der Übernahme des beendeten Manuskriptes an gerechnet. Aus triftigem Grunde können diese Fristen einmal um höchstens 30 Tage verlängert werden, spätestens jedoch 20 Tage vor Ablauf der Erklärungsfrist. Bei zur Ausbesserung zurückgereichtem Manuskript beläuft sich die Annahmefrist auf drei Monate vom wiederholten Erhalt des Werks. Das Versäumen der Erklärung kommt der Annahme gleich (§ 6 VerlagsVO).

f) Übergang des Verlagsrechts auf dritte Person

Auf Grund behördlicher Verfügung gehen die Rechte des Verlegers – während der Dauer des Vertrages – ohne Zustimmung des Urhebers auf einen anderen Verleger über, wenn dies durch die Änderung des Aufgabenkreises des Verlegers (des Tätigkeitsbereichs des Unternehmens) begründet ist. Von dem Übergang muß jedoch der Urheber verständigt werden. Diese Bestimmung beruht auf der allgemeinen DurchfVO (§ 24), ist also auch im Hinblick auf ausländische Urheber zu beachten.

g) Auflösung des Verlagsvertrages

aa) Rücktrittsrecht des Urhebers

Die Folgen der Überschreitung der Erscheinungsfrist wurden zugunsten des Urhebers im URG selbst geregelt. Wenn der Verleger das auf Grund des Vertrages gelieferte Werk binnen der durch Rechtsvorschrift bzw. im Vertrag festgelegten, mangels solcher binnen einer vernünftigen Frist nicht verlegt, so kann der Urheber vom Vertrag zurücktreten und die Bezahlung seiner Vergütung verlangen (§ 33 URG). Wenn sich diese Vergütung nach der Auflagenhöhe richtet, so muß bei ihrer Berechnung die in der Anlage zur VerlagsVO festgelegte Grundauflage berücksichtigt werden (§ 12 Abs. 4 VerlagsVO). Dem Wesen nach handelt es sich hier um das Kündigungsrecht des Urhebers, unter Vorbehalt seines gesetzlichen Anspruchs auf das im Vertrag vereinbarte Honorar.

bb) Rücktrittsrecht des Verlegers

Auf dem Umstand aufbauend, daß vom Verleger hinsichtlich Herausgabe des Werks keine Realerfüllung verlangt werden kann, wurde ihm in der VerlagsVO ein allgemeines Rücktrittsrecht (dem Wesen nach: Kündigungsrecht) unter der Bedingung eingeräumt, daß er den Schaden des Urhebers ersetzt. Auf die Leistung des Schadenersatzes sind die Vor-

schriften des Zivilgesetzbuches anzuwenden. Erfolgt der Rücktritt jedoch, nachdem das Werk angenommen wurde ,so wird von der VerlagsVO – im Einklang mit dem URG – als Schadenersatz die Bezahlung der vollen vereinbarten Urhebergebühr vorgeschrieben (§ 17 Abs. 1 VerlagsVO).
Dem Urheber gebührt keine Vergütung, wenn der Verleger vom Vertrag deswegen zurücktritt, weil das Manuskript nicht fristgerecht abgeliefert wurde oder der Urheber die verlangte Ausbesserung desselben ohne zureichenden Grund verweigert hat (§ 17 Abs. 2 VerlagsVO). Vorschüsse sind vom Urheber zurückzuzahlen.
Dem Urheber gebührt für seine geleistete Arbeit 25% der vereinbarten Vergütung, wenn der Verleger den Vertrag durch Zurückweisung des auch nach Ausbesserung nicht entsprechenden Manuskriptes auflöst (§ 16 VerlagsVO).

cc) Ablauf des Vertrages ohne Erscheinen

Kommt es während der Vertragsdauer nicht zur Herausgabe des Werks, ohne daß jedoch der Vertrag von einer der Parteien aufgelöst worden wäre, so wird die volle vereinbarte Vergütung zugunsten des Urhebers spätestens am Tage des Vertragsablaufs fällig (§ 12 Abs. 4 VerlagsVO).

h) Urhebergebühren

Die Urhebergebühr kann von den Parteien entweder in Form einer Pauschale, unabhängig vom Umfang des Werks und von der Zahl der vervielfältigten Exemplare auf die Dauer des Vertrages, oder – und das ist der allgemeine Gebrauch – durch Anwendung der der VerlagsVO beigefügten Tabellen unter Berücksichtigung des Werkumfangs und der Auflagenhöhe vereinbart werden.
In diesen Tariftabellen wird das Honorar grundsätzlich auf Autorenbogen bezogen, und zwar in Form einer Festlegung der unteren und der oberen Grenzen der zahlbaren Bogenhonorare. Somit wird der **Umfang des Werks** berücksichtigt. Dem **Ausmaß der Vervielfältigung** wird im allgemeinen dadurch Rechnung getragen, daß das Ausgangsbogenhonorar bloß die Vergütung einer bestimmten Anzahl von Exemplaren, der sog. Grundauflage ausmacht. Bei belletristischen Werken beträgt diese Grundauflage z. B. 5000 Exemplare. Darüber hinaus werden in einer degressiven Staffelung für je weitere 1000 Exemplare zusätzliche Bogenhonorare bestimmt. Für Gedichte wird die Vergütung prinzipiell in derselben Weise, jedoch in Form von Zeilenhonoraren festgelegt. Bei wissenschaftlichen und popu-

lärwissenschaftlichen Werken, bei Werken der Fachliteratur und bei Übersetzungen bezieht sich das Ausgangsbogenhonorar auf die erste Auflage, unabhängig von deren Höhe. Das Honorar weiterer Auflagen wird – ebenfalls in degressiver Staffelung – in bestimmten Prozentsätzen des tarifmäßigen Ausgangshonorars festgelegt. Bei der Zusammenrechnung der verlegten Exemplare bzw. Auflagen müssen auch die auf Grund früherer Verträge vorausgegangenen Ausgaben mitberücksichtigt werden; bei Urhebern, die noch am Leben sind, allerdings nur für die Zeit nach dem 1. August 1946.
Dieses System der Urhebergebühren bezweckt die Sicherung einer Garantievergütung, die dem Urheber für seine geistige Arbeit gleich bei der ersten Ausgabe seines Werks, unabhängig vom Verkaufserfolg bezahlt werden muß. Im Ausgangshonorar wird ein Teil des Urheberanteils an Erlösen späterer Absätze bereits vorweggenommen. Dadurch wird auch die spätere Degressivität der Honorargestaltung bei steigender Exemplaranzahl bzw. weiteren Auflagen begründet.
Bei **noch zu schaffenden Werken** wird das Honorar auch im Verlagsvertrag durch Festlegung unterer und oberer Grenzen vereinbart, die sich innerhalb der tarifmäßigen Grenzen bewegen müssen, und zwar so, daß der Unterschied der vereinbarten Limiten mindestens 25% beträgt. Den endgültigen Bogenhonorarsatz muß der Verleger innerhalb dieser Grenzen gelegentlich der Annahme des Manuskripts bestimmen. Wird das Manuskript als untauglich abgelehnt, so wird der zu bezahlende 25%ige Honoraranteil auf Grund des Mittelwertes der vereinbarten Grenzen berechnet.
Die Parteien können auch einen **Vorschuß** vereinbaren. Bei der ersten Ausgabe kann der vor Annahme des Manuskriptes geleistete Vorschuß 50% der gesamten Vergütung nicht überschreiten; nach Annahme des Manuskriptes **müssen** 75% der Vergütung innerhalb von 15 Tagen, nach Billigung der Druckabzüge (Imprimierung) die restlichen 25% binnen 60 Tagen beglichen werden. Die Vergütung für weitere Auflagen ist jeweils binnen 30 Tagen nach dem Erscheinen in einem Betrag fällig. Die Zahlung der Urhebergebühren ist immer unabhängig vom Absatz, verkaufsmäßige Abrechnungen erübrigen sich.
Den **Erben** des Urhebers gebühren die unteren Grenzen der in den Tariftabellen festgelegten Vergütungen.
Die Vergütung für in Ungarn veranstaltete fremdsprachige Ausgaben ungarisch bereits erschienener Werke wurde durch besondere Bestimmungen geregelt. Wird das Werk gleich fremdsprachig verfaßt, so sind auf seine erste Ausgabe die für ungarisch geschriebenen Werke maßgeblichen Gebühren zu zahlen.

Die Urhebergebühren und deren Zahlungsmodalitäten wurden in Einzelheiten gehend in den §§ 9 bis 41 der VerlagsVO und in ihren 9 Beilagetabellen geregelt. Die ausführliche Wiedergabe dieser Regelungen würde über den Rahmen dieser Darstellung hinausgehen.

4. Bühnenverträge

Auf die grundlegenden Bestimmungen des URG gestützt, werden die Fragen der Bühnenverträge von der BühnenVO geregelt. Diese Verordnung ist auf Bühnenverträge mit Ausländern im Sinne des ungarischen Devisenrechts nicht anzuwenden (§ 1 BühnenVO).

a) Der Bühnenaufführungsvertrag

aa) Begriff und Inhalt

Dem Wortlaut des URG nach ist der Urheber auf Grund eines zur öffentlichen Aufführung seines Bühnenwerks geschlossenen Vertrages verpflichtet, das Werk dem Theater zur Verfügung zu stellen; das Theater erwirbt das Recht, das Werk unter den im Vertrag bestimmten Bedingungen öffentlich aufzuführen und ist verpflichtet, dem Urheber Vergütung zu zahlen (§ 39 Abs. 1 URG).
In der BühnenVO wird zwar die Verpflichtung zur Aufführung des angenommenen Werks erwähnt; auch auf Grund des Bühnenaufführungsvertrages entsteht aber keine Verpflichtung des Theaters zur Realerfüllung, die Aufführung kann nicht erzwungen werden. Die Verpflichtung des Theaters zur Zahlung der für das angenommene Werk vereinbarten Vergütung ist hingegen absolut, d. h. unabhängig davon, ob das Theater seiner vertraglichen Verpflichtung das Werk aufzuführen nachkommt oder nicht (§ 12 Abs. 1 BühnenVO).
Das Theater erwirbt kein ausschließliches Aufführungsrecht. Der Urheber darf aber in derselben Ortschaft auf dieselbe oder gar nur teilweise selbe Periode keinen anderen Aufführungsvertrag unterschreiben **(relative Ausschließlichkeit).** Ist das Werk im Auftrag des aufführenden Theaters geschrieben worden, so kann der Autor sechs Monate lang nach der Unterzeichnung des Aufführungsvertrages auch anderswo, aber nur mit Zustimmung des auftraggebenden Theaters weitere Aufführungsverträge schließen (§ 9 BühnenVO).
Im Aufführungsvertrag kann auch das Recht gesichert werden, daß das Werk in Ungarn erstmals vom vertragschließenden Theater öffentlich auf-

geführt wird (Uraufführung). In diesem Fall kann mit einem anderen Theater nur für eine spätere Zeit ein weiterer Vertrag geschlossen werden (§ 10 Abs. 2 BühnenVO).
Bühnenverträge, die gegen die Bestimmungen des § 9 und des § 10 Abs. 2 der BühnenVO verstoßen, sind nichtig (§ 11 BühnenVO).
Im Vertrag muß auch die Aufführungsfrist festgesetzt werden, die nicht mehr als zwei Jahre betragen darf (§ 10 Abs. 1 BühnenVO).

bb) Vertragsdauer

Die Dauer des Aufführungsvertrages beläuft sich auf vier Jahre. Anders jedoch als beim Verlagsvertrag, steht es hier den Parteien frei, auch eine längere Vertragsdauer zu vereinbaren.

cc) Auflösung des Vertrages

Wird das Werk vom Theater binnen der im Vertrag festgelegten Frist nicht aufgeführt, so kann der Urheber vom Vertrag zurücktreten und eine auf Grund der geplanten Bruttoeinnahmen von 12 Vorstellungen sich durch Anwendung des vereinbarten Prozentsatzes ergebende Vergütung verlangen. In Fällen von Bühnenbearbeitungen gebührt dem Bearbeiter eine nach 6 Vorstellungen berechnete Vergütung. Der Übersetzer kann die für die ersten 25 Vorstellungen unter Berücksichtigung der Gebührengrenzen der BühnenVO vereinbarte feste Gebühr beanspruchen (§ 39 Abs. 2 URG; § 12 BühnenVO).
Auch hier handelt es sich im Grunde um ein Kündigungsrecht, mit Anspruch auf entgangenen Gewinn, dessen Berechnung durch Rechtsvorschrift geregelt ist.
Dem Theater steht kein Recht zum Rücktritt vom Aufführungsvertrag zu.

dd) Urhebergebühren

Die für Aufführungen zu zahlenden Urhebergebühren sind unter Berücksichtigung der in der Beilage der BühnenVO festgelegten unteren und oberen Grenzen zu vereinbaren.
Die Urhebergebühr der **Autoren von Originalwerken** wird auf Grund der Bruttoeinnahmen des Theaters – nach Abzug der kulturellen Gebühr, wenn solche zu entrichten ist – durch Anwendung eines Prozentsatzes berechnet. Wird das Werk übersetzt, so muß dieser Umstand durch die Vereinbarung eines entsprechend niedrigeren Gebührenschlüssels für die Originalautoren berücksichtigt werden. Maßgebend sind dann die internationalen Usancen.

Der **Übersetzer** erhält für Prosadramen oder für Dramen in Versen nach Aufführungszahlen gestaffelt feste Gebühren, die zwischen den in der BühnenVO festgelegten Grenzen zu vereinbaren sind. Übersetzer von Operntexten ausländischer Urheber sind jedoch an den Einnahmen prozentmäßig beteiligt, zwischen 2 bis 4%.
Bei **Bühnenbearbeitungen** kann die Vergütung insgesamt nicht 60% der in der Verordnung festgelegten oberen Grenzen überschreiten: Damit soll das Schaffen von Originalwerken gefördert werden.
Werden mehrere Werke im Rahmen derselben Vorstellung aufgeführt, so müssen die für abendfüllende Werke festgelegten Gebühren anteilmäßig geteilt werden. Auf die Vergütung kann schon bei Vertragsschluß Vorschuß geleistet werden. Die Fälligkeit der Abrechnungen ist im Vertrag zu vereinbaren. Den Zahlungsverpflichtungen ist innerhalb von 15 Tagen nach Fälligkeit nachzukommen (§ 13 bis 15 und 19 BühnenVO).
Dem lebenden ungarischen Urheber ist vom Minister für Bildungswesen eine **Extragebühr** zu zahlen, falls das Theater im ersten Jahr auf die Premiere folgend mit seinem Werke durch eine im BühnenVO festgesetzte Anzahl von Aufführungen den Einnahmeplan erfüllt hat. Diese Zahl beträgt für Budapest z. B. bei Opern 20, bei Dramen in Prosa 40, bei Operetten und Musicals 100 Aufführungen (§ 21 BühnenVO).
Der Minister für Bildungswesen kann ferner Urheber von aufgeführten Bühnenwerken hervorragender Qualität mit dem sogenannten **Niveaupreis** auszeichnen, dessen Höhe vom Minister festzusetzen ist (§ 23 BühnenVO).

b) Vertrag über Schaffung eines Bühnenwerks

Im Vertrag über die Schaffung eines Bühnenwerks verpflichtet sich der Urheber, ein gattungsmäßig, eventuell auch thematisch bestimmtes Bühnenwerk innerhalb einer vereinbarten Frist zu schaffen und es dem Theater zu übergeben; das Theater verpflichtet sich hingegen zur Zahlung einer Urhebergebühr.
Zur Schaffung desselben Werks kann nur mit einem Theater ein Auftragsvertrag geschlossen werden. Alle weiteren Verträge über denselben Gegenstand mit anderen Theatern sind nicht nichtig.
Das Theater hat sich über die Annahme des Manuskripts bzw. etwaige Änderungswünsche binnen vier Monate von der Übernahme des Werks gerechnet zu äußern. Versäumt es dies, so gilt das Werk als angenommen.
Das Manuskript kann höchstens zweimal zur Ausbesserung zurückge-

reicht werden, jeweils unter Setzung einer Frist von nicht weniger als 30 Tage. Die Annahmeerklärung bzw. die wiederholte Zurückgabe hat ebenfalls binnen vier Monate zu erfolgen.
Das Theater kann vom Vertrag zurücktreten, wenn der Urheber das Manuskript bis zum vereinbarten Termin nicht überreicht oder die fristgerecht verlangte Ausbesserung ohne zureichenden Grund verweigert bzw. nicht rechtzeitig durchführt. Der Urheber hat etwaige bereits geleistete Vorschüsse zurückzuzahlen.
Dem Theater steht auch dann ein Rücktrittsrecht (dem Wesen nach: Kündigungsrecht) zu, wenn das Werk selbst nach Ausbesserung ungeeignet zur Nutzung bleibt. Für seine Arbeit sind aber dem Urheber in diesem Fall 50% der vereinbarten Urhebergebühr zu bezahlen.
Die Urhebergebühr ist innerhalb der Grenzen der in der Beilage der BühnenVO festgelegten Tarifsätze zu vereinbaren. Es wurden unterschiedliche Gebühren nach Werkgattungen (Prosadramen, Opern, usw.) und gemäß der Beschaffenheit der Schöpfung (Originalwerk, Bearbeitung, Übersetzung) vorgesehen. Auf die Gebühr kann ein Vorschuß in Höhe von höchstens 50% geleistet werden.
Das Theater ist verpflichtet, binnen 15 Tagen, von der Annahme des Werks gerechnet, dem Urheber ein Vertragsangebot betreffend Bühnenaufführung zu unterbreiten. Wird dies vom Theater verabsäumt, so steht dem Urheber außer der ihm auf Grund des Auftragsvertrags zustehenden Vergütung auch die im Falle des Rücktritts vom Aufführungsvertrag zu zahlende Urhebergebühr zu (§ 12 Abs. 2 und 3 BühnenVO), mit dem Unterschied, daß in diesem Falle die Berechnung auf Grund der in der Beilage festgesetzten unteren Grenzen der Gebühren vorzunehmen ist.
Der Urheber hat sich auf das Vertragsangebot betreffend Bühnenaufführung in 15 Tagen zu äußern. Tut er das nicht, so ist er gehalten, sämtliche auf Grund des Auftragsvertrages bezogenen Zahlungen (Vorschüsse oder die volle Vergütung) dem Theater zurückzuerstatten (§§ 2 bis 7 BühnenVO).

5. Der Verfilmungsvertrag

a) Begriff

Das Recht auf Verfilmung sowie die Nutzungsrechte am Film erwirbt der Filmhersteller von den Urhebern durch einzelne Verträge, die er sowohl mit den eigentlichen Filmautoren als auch mit allen anderen Urhebern der

zum Zwecke des Films genutzten Werke abzuschließen hat. Der Filmhersteller wird durch diese Verträge berechtigt, die Vermögensrechte am Film gegenüber dritten Personen - unter Berücksichtigung der gesetzlichen Schranken - ausschließlich wahrzunehmen. Der Filmhersteller kann auch zur Wahrung der Persönlichkeitsrechte der Urheber auftreten; diese bleiben jedoch berechtigt, die ihrer Person anhaftenden Rechte selbst durchzusetzen, und zwar sowohl Dritten als auch dem Filmhersteller gegenüber (vgl. § 41 Abs. 3 URG).
Der Abschluß eines Verfilmungsvertrages kann selbst bei cinéma-verité-Filmen nicht umgangen werden. Das Oberste Gericht hat entschieden, der Umstand, daß es sich bei manchen Drehmethoden erst an Ort und Stelle ergibt, ob und welche Musik in den Film aufgenommen wird, befreie den Produzenten nicht von seiner Verpflichtung, das Verfilmungsrecht noch vor dem Vertrieb des Films vom Komponisten einzuholen. Sollte dies nicht gelingen, so kann der Film nur durch Weglassung der fraglichen Komposition vertrieben werden (Pf. IV. 20325 / 1965).
Dem Wortlaut des URG nach wird auf Grund des Verfilmungsvertrages der Urheber verpflichtet, das Werk dem Filmhersteller zur Verfügung zu stellen; der Filmhersteller erwirbt das Recht auf einmalige Verfilmung des Werks, ferner auf Vertrieb und auf Vorführung des Films ohne Gebietsbeschränkung; er erhält das Recht, den Film mit fremdsprachigen Inschriften oder mit fremdsprachigem (synchronisiertem) Ton zu versehen; er ist hingegen verpflichtet, für die Nutzung dem Urheber Vergütung zu zahlen (§ 42 Abs. 1 URG).
Der Verfilmungsvertrag bewirkt keine Verpflichtung zur Realerfüllung, die Herstellung des Films kann nicht erzwungen werden. Der Filmhersteller ist dagegen gehalten, einen durch Rechtsnorm bestimmten wesentlichen Teil der Urhebervergütung auch dann zu bezahlen, wenn er die Herstellung des Films unterläßt und wenn der Vertrag deswegen vom Urheber aufgelöst wird (vgl. § 42 Abs. 2 URG).
Der Inhalt des Verfilmungsvertrages wird in seinen Einzelheiten durch die FilmVO geregelt. Während die Bestimmungen des URG betreffend Urheberschaft am Film und Schutz der wichtigsten Interessen der Filmurheber im Zusammenhang mit der Verfilmung auf Filmhersteller aller Art (also auch auf die diesbezügliche Tätigkeit des Fernsehens) anzuwenden sind, und auf diesem Gebiet die Fernsehspiele mit den zur Vorführung bestimmten Filmen gleichgestellt wurden (§ 43 URG; § 31 DurchfVO), **erstreckt sich diese Assimilation keineswegs auf die Nutzung der Fernsehfilme und der Kinofilme.** Hier müssen die Besonderheiten der ihrem Wesen nach verschiedenen Nutzungsarten weitestgehend berücksichtigt werden. Dementsprechend findet die FilmVO auf Filme, die eigens für das

Fernsehen hergestellt werden, keine Anwendung; die Regelung der Nutzung von Fernsehfilmen erfolgte in der FunkVO.
Die Wirkung der FilmVO erstreckt sich ferner nicht auf Verfilmungsverträge, wo der eine Partner im Sinne der ungarischen devisenrechtlichen Vorschriften als Ausländer anzusehen ist. Auf solche Verträge sind die internationalen Gepflogenheiten des Filmgewerbes anzuwenden.

b) Form und Inhalt des Vertrages

Die Verfilmungsverträge bedürfen der Schriftform.
Im Vertrag muß folgendes festgehalten werden: die gattungsmäßige Bestimmung des zu nutzenden Werks (Exposé, Drehbuch, Roman, Oper usw.); die gattungsmäßige Bestimmung des zu schaffenden Films (Spielfilm, Trickfilm, Filmreportage, usw.); die in Metern ausgedrückte, geplante Länge des Films; Termin für die Übergabe des Werks, falls es noch nicht im Besitz des Filmherstellers ist; Vereinbarung über die Urhebervergütung (§ 3 FilmVO).

c) Umfang der eingeräumten Nutzungsrechte

Das Recht auf einmalige Verfilmung beinhaltet auch das **Recht zur filmischen Bearbeitung** des Werks (§ 4 Abs. 1 FilmVO). Der Urheber kann sich freilich die Billigung der Drehbuchfassung vorbehalten.
Das Recht auf Vertrieb und Vorführung umfaßt im Sinne der FilmVO eine jede zu diesen Zwecken dienliche, zur Zeit des Vertragsschlusses bekannte Nutzungsart, die ohne neue Verfilmung ausgeübt werden kann. Die FilmVO gestattet ausdrücklich, daß aus dem Film ohne neue Dreharbeiten ein oder mehrere **kürzere Filme** zusammengeschnitten werden, daß aus dem Film Diafilm gemacht wird oder daß einzelne Passagen in anderen Filmen verwendet werden (§ 4 Abs. 4 FilmVO). Solche Nutzungen dürfen aber die Persönlichkeitsrechte der Urheber nicht verletzen.
Der Begriff des Vertriebs umfaßt auch den **Verkauf von Vervielfältigungsstücken** des Films, so vor allem die Verbreitung von Schmalfilmkopien. Um Streitfällen vorzubeugen, ist es ratsam, die wichtigsten ins Auge gefaßten Vertriebsarten im Vertrag exemplarisch aufzuzählen, insbesondere, wenn es sich um noch im Versuchsstadium befindliche Nutzungsmodalitäten handelt, wie z. B. gegenwärtig die Nutzung des Films in Form von Videokassetten.
Der Filmhersteller erwirbt auch das aussschließliche Recht, den Film **im Fernsehen** senden zu lassen. Nachdem § 41 Abs. 3 URG den Begriff des

Vertriebs in keiner Hinsicht einschränkt, müssen die Verfilmungsverträge mangels ausdrücklichen Vorbehalts des Senderechts so ausgelegt werden, daß auch das Recht auf Nutzung des Films im Fernsehen dem Filmhersteller eingeräumt wurde.
Die zum Film benutzten Werke können auf Grund des Verfilmungsvertrages in einem vom Zweck gerechtfertigten Umfang ohne Zahlung einer Extragebühr auch **zur Propagierung** des Films genutzt werden (§ 4 Abs. 3 FilmVO). Diese Nutzungsart darf aber an sich keine Einnahmequelle sein und kann nicht so ausgeübt werden, daß dadurch Wettbewerb entsteht mit anderen, nicht filmischen Nutzungen der Werke.

d) Übertragung der Nutzungsrechte an Dritte

Zur Ausübung der erworbenen Vertriebs- und Vorführungsrechte ist es unerläßlich, daß die entsprechenden Nutzungsrechte jeweils auch Dritten (Filmverleih, Dia-Filmhersteller, Coproduktionspartner usw.) erteilt werden können. Laut § 17 FilmVO kann der Filmhersteller die erworbenen Rechte auch zusammen mit anderen, in- und ausländischen Personen ausüben und ist berechtigt, die Vertriebsrechte und öffentlichen Vorführungsrechte in Bezug auf den Film auch ohne Zustimmung der Urheber auf andere zu übertragen. Das gleiche gilt hinsichtlich seines Rechts, aus dem Film eine Diaversion herzustellen und diese zu vertreiben bzw. vorzuführen.
Der Filmhersteller ist jedoch ohne schriftliche Zustimmung der Urheber nicht berechtigt, die im Verfilmungsvertrag erhaltenen Rechte in ihrer Gesamtheit Dritten zu übertragen oder die selbständige Herstellung des Films einem anderen zu überlassen.

e) Inhalt und Grenzen der Ausschließlichkeit der Nutzungsrechte

Der Urheber kann innerhalb von zehn Jahren, gerechnet von der Vollendung der Herstellung des Films über dasselbe Werk nur mit Zustimmung des Filmherstellers einen weiteren Verfilmungsvertrag abschließen (§ 42 Abs. 3 URG). Diese Bestimmung erstreckt sich auch auf die im Film benutzten eigentümlichen Zeichnungs- oder Puppenfiguren (§ 18 Abs. 2 FilmVO). In Fällen einer Neuverfilmung ist es unerheblich, ob dieser in Form eines Kinofilms oder einer Fernsehproduktion verwirklicht wird (§ 43 URG; § 31 DurchVO). Darin besteht die **aktive Ausschließlichkeit** des Filmherstellers. Nach Ablauf der zehn Jahre werden die sogenannten Remake-Rechte frei.

An den für Zwecke des Films geschaffenen Werken steht dem Filmhersteller außer der Verfilmungsausschließlichkeit auch eine anderswie geartete Ausschließlichkeit zu. Der Urheber kann das Thema seines für Filmzwecke verfaßten Schriftwerks (also nicht nur das Werk als solches), ferner die für den Film geschaffene Musik oder Zeichnung bis zur ersten öffentlichen Vorführung des Films in welcher Form auch immer nur mit Zustimmung des Filmherstellers veröffentlichen (§ 18 Abs. 1 FilmVO). Eine Veröffentlichung könnte eventuell den Erfolg des Films beeinträchtigen. Diese **Ausschließlichkeit** ist **passiver Art**, der Filmhersteller beabsichtigt selbst keine ähnliche Veröffentlichung.
Der Urheber hat auch für diese passive Ausschließlichkeit Rechtsgewähr zu leisten (§ 18 Abs. 4 FilmVO).

f) Annahme des Manuskripts

Der Filmhersteller hat den Urheber innerhalb von 6 Monaten nach Übernahme des Werks schriftlich zu verständigen, ob er es annimmt oder bis zu einem entsprechenden Termin dessen Ausbesserung verlangt. Ausbesserungswünsche sind zu begründen (vgl. § 6 Abs. 1 FilmVO). Nach Erhalt des ausgebesserten Werks hat sich der Filmhersteller zur Annahme in 3 Monaten zu äußern. In begründeten Fällen kann das Werk auch wiederholt zur Ausbesserung zurückgereicht werden (§ 29 Abs. 2 URG). Überschreitet der Filmhersteller die ihm gesetzten Fristen, so ist das Werk als angenommen zu betrachten (§ 5 FilmVO).

g) Auflösung des Vertrages

aa) Rücktrittsrecht des Urhebers

Beginnt der Filmhersteller die Verfilmung nicht binnen 4 Jahren von der Annahme des Werks gerechnet, oder beginnt er zwar damit, vollendet es jedoch nicht innerhalb von 4 Jahren, so gewährt das URG dem Urheber das Recht zum Rücktritt vom Vertrag (dem Wesen nach ein Kündigungsrecht) unter Beanspruchung eines Teils seiner Urhebervergütung (§ 42 Abs. 2 URG; § 6 Abs. 3 FilmVO). Über das in den durch die FilmVO bestimmten Fällen zu zahlende Leistungshonorar (Schöpfungsarbeit) hinaus gebühren dem Urheber 30% der vereinbarten Verfilmungsgebühr, binnen 8 Tagen nach Auflösung des Vertrags (§ 8 Abs. 4 FilmVO).
Handelt es sich um ein vorbestehendes, also nicht für Zwecke des Films

hergestelltes Werk, so kann der Urheber zwar den Vertrag unter denselben Voraussetzungen auflösen, jedoch nur den bereits bezahlten Vorschuß behalten; er hat keine neue Schöpfungsarbeit geleistet und ist daher nur wegen der Blockierung seiner Filmrechte zu entschädigen. Die für den Beginn der Dreharbeiten festgesetzte 4jährige Frist kann in Fällen von vorbestehenden Werken durch Anzahlung von insgesamt 40% der vereinbarten Vergütung spätestens 30 Tage vor Ablauf von 3 Jahren nach Vertragsabschluß einmal so verlängert werden, daß die 4jährige Frist vom Tage dieser Zahlung neu beginnt (§ 7 FilmVO).

bb) Rücktrittsrecht des Filmherstellers

Übergibt der Urheber das Werk nicht innerhalb der übernommenen Frist, oder führt er die in begründeter Weise verlangte Ausbesserung nicht fristgerecht durch, so kann der Filmhersteller vom Vertrag zurücktreten. Der Rücktritt bewirkt die Auflösung des Vertrages *ex tunc*, erhaltene Vorschüsse sind vom Urheber zurückzuzahlen (§ 6 Abs. 1 FilmVO).
Ist das Werk auch nach Ausbesserung nicht zur Nutzung geeignet, so kann der Filmhersteller vom Vertrag ebenfalls zurücktreten, in diesem Fall dem Wesen nach ein Kündigungsrecht ausüben: dem Urheber sind 25% der vereinbarten Leistungsgebühr zu bezahlen. Wenn eine separate Leistungsgebühr nicht zu vereinbaren war (wie z. B. bei Musikwerken), sind diese 25% auf Grund der sonstigen vereinbarten Vergütung zu berechnen. Vorschüsse sind anzurechnen, über die 25% hinausgehende Anzahlungen sind jedoch **nicht** zurückzuerstatten (§ 6 Abs. 3; § 8 Abs. 4 FilmVO).

h) Urhebergebühren

aa) Tarifmäßige Gebühren

In der überwiegenden Mehrheit der Verfilmungsverträge sind die Urhebergebühren durch Anwendung der in den Beilagen zur FilmVO enthaltenen Gebührensätze zu vereinbaren. In den Tariftabellen A–F sind die Urhebergebühren nach Gattung der genutzten Werke, nach Filmgattungen und gattungsweise nach der geplanten Filmlänge gestaffelt und in ihrer Höhe durch Festsetzung von unteren und oberen Gebührengrenzen geregelt. Der Leiter der Hauptverwaltung für Filmwesen des Ministeriums für Bildungswesen kann in bestimmten Fällen die oberen Gebührengrenzen erhöhen (§ 20 FilmVO).

Das System der Gebühren ist grundsätzlich **werkbezogen**; dementsprechend muß in Fälllen von mehreren Urhebern desselben Werks die Vergütung der einzelnen Autoren innerhalb der Gebührengrenzen anteilig festgestellt werden; wird jedoch eine weitere filmische Bearbeitung des Werks vom selben Autor vorgenommen, so stehen ihm für beide Werke die in der Verordnung separat vorgesehenen Gebühren zu.
Durch Bezahlung zu den in der FilmVO vorgesehenen Sätzen begleicht der Filmhersteller alle Gebührenansprüche hinsichtlich sämtlicher zur Zeit des Vertragsschlusses bekannten und ihm durch den Vertrag eingeräumten Nutzungsarten, für welche in der FilmVO keine Sondergebühren vorgesehen sind.
Die Urhebergebühren sind – mangels anderweitiger Rechtsvorschrift binnen 8 Tage nach Beginn der unter Nutzung des Werks durchgeführten Dreharbeiten zu bezahlen. Wenn eine separate Leistungsgebühr zu vereinbaren ist, wird diese in 8 Tagen nach der Annahme des Werks fällig. In der FilmVO wird auch die Zahlung von Vorschüssen vorgeschrieben und in verschiedenem Ausmaß für die verschiedenen Werkarten jeweils separat festgelegt. In den meisten Fällen ist auch die prozentmäßige Höhe der Vorschüsse zwingend festgelegt.

bb) Sondergebühren

Über die tarifmäßigen Gebühren hinaus werden in der FilmVO Sondergebühren für bestimmte Nutzungsfälle vorgesehen (§ 9 FilmVO). Die wichtigsten Fälle einer zusätzlichen Zahlung sind: Herstellung eines kürzeren Films oder eines Diafilms aus dem produzierten Film; Herstellung eines längeren Films als im Vertrag vorgesehen; Verwendung der Filmmusik in mehreren Episodenfilmen einer Filmserie; Beteiligung der Urheber der verfilmten Schriftwerke an den Erlösen aus der Verwertung des Films im Ausland, nachdem diese eine Mindestgrenze erreicht haben.
Die FilmVO sieht auch die sogenannten „Filmmetergelder" zugunsten der Urheber der Filmmusik und der dazu verfaßten Texte vor.
Die Zwangslizenz für die sogenannten musikalischen kleinen Aufführungsrechte (vgl. oben III Ziffer 5 c-bb) erstreckt sich **nicht** auf die filmische Aufführung der Filmmusik. Die Aufführungsrechte an der Filmmusik im Rahmen von Filmvorführungen hat der Filmhersteller mit dem Verfilmungsvertrag zur filmischen Bearbeitung des Musikwerks erworben. Die Filmmusik wird zur Komponente des Filmwerks und kann gelegentlich der Filmvorführungen nicht mehr gesondert, als aufgeführte Musik gewertet werden. Dadurch wird die Auswertungsposition des Filmherstellers lückenlos gesichert und den Schwierigkeiten, die sich aus einer ge-

sonderten Wahrnehmung der sogenannten kleinen Rechte durch urheberrechtliche Verwertungsgesellschaften auch im Bereich des Films ergeben könnten (vgl. das Problem eines Verbotsanspruchs der Verwertungsgesellschaft), entsprechend vorgebeugt. Das Recht des Komponisten der Filmmusik auf das sogenannte Filmmetergeld steht ihm in Ungarn auf Grund der erwähnten Sonderregel der FilmVO zu. Die soeben geschilderten dogmatischen Überlegungen sind *mutatis mutandis* auch auf die im Film ertönenden literarischen Werke anzuwenden, die Zwangslizenz hinsichtlich der literarischen kleinen Rechte (vgl. oben III Ziffer 5 c-bb) bezieht sich also ebenfalls nicht auf Filmaufführungen; ein wesentlicher Unterschied besteht jedoch darin, daß den Urhebern von literarischen Werken keine Sondergebühr nach den einheimischen Vorführungen zugestanden wurde.

6. Der Sendevertrag

a) Grundbegriffe

Die Eigenart der Nutzung von Urheberwerken durch den Hör- und Fernsehfunk besteht in ihrer Sendung mittels Radiowellen, die in entsprechenden Empfangsgeräten in Ton- und Bildeffekte zurückgewandelt werden können. Die Werke können somit prinzipiell ohne räumliche Grenzen, einem unbeschränkten Kreis von Empfängern gleichzeitig wahrnehmbar gemacht werden. Darin besteht der wesentliche Unterschied sowohl zur öffentlichen Aufführung von Tonwerken, als auch zur Vorführung von Filmen. Deswegen wurde auch im neuen ungarischen Urheberrecht die Nutzung im Hör- und Fernsehfunk durch besondere Bestimmungen über den Sendevertrag geregelt.

Dem Wortlaut des Gesetzes nach ist der Urheber auf Grund eines Sendevertrages verpflichtet, das Werk dem Hör- und Fernsehfunk zur Verfügung zu stellen; der Hör- und Fernsehfunk erwirbt auf die im Vertrag bestimmte Dauer das Recht auf Sendung des Werks, ferner das Recht, vom Werk eine Bild- bzw. Tonaufzeichnung zu fertigen und ist verpflichtet, dem Urheber für die Werknutzung eine Vergütung zu zahlen (§ 34 Abs. 1 URG).

Die Eigenart der Sendung bringt es mit sich, daß Fernsehspiele und Hörspiele in einer engeren Beziehung zueinander stehen als zum Kinofilm. Die rechtliche Assimilation der Fernsehspiele mit den Kinofilmen im Sinne des § 43 URG beschränkt sich, wie im Zusammenhang mit der FilmVO bereits erwähnt wurde, auf die Vorschriften über die Urheber-

schaft bzw. die von den Urhebern zu erwerbenden Verfügungsberechtigung an diesen Werken sowie auf die Grundlagen des Vertrages über deren Verfilmung. Die durch die Besonderheiten der Fernsehnutzung begründeten Einzelheiten wurden dagegen in der FunkVO geregelt.
Ähnlich den anderen Verordnungen über die einzelnen Nutzungsarten, ist auch die FunkVO auf Verträge, bei denen einer der Partner Ausländer ist, nicht anzuwenden.
In allen Fällen, wo dem Hör- und Fernsehfunk keine gesetzliche Lizenz zusteht und auch keine freie Werknutzung möglich ist, muß auch der Rundfunk mit den Urhebern Nutzungsverträge abschließen. Die FunkVO regelt **Sendeverträge** und **Verfilmungsverträge.** Vom Hörfunk werden nur Sendeverträge geschlossen. Der **Verfilmungsvertrag laut FunkVO ist eigentlich eine besondere Art der Sendeverträge des Fernsehens**: im Verfilmungsvertrag werden auch die der Sendung vorausgehenden Phasen der audiovisuellen Bearbeitung und Aufzeichnung der herzustellenden Produktion geregelt. Der Verfilmungsvertrag erstreckt sich ebenso auf Fragen der weiteren Verwertung der verfilmten Produktion.

b) Allgemeine Bestimmungen

aa) Form und Inhalt des Vertrages

Die Verträge sind in Schriftform festzuhalten. Wird der Vertrag über die Bearbeitung eines Werks geschlossen, an welchem noch Urheberrecht besteht, so muß vor Abschluß vom Bearbeiter die Genehmigung des Originalurhebers in Schriftform eingeholt und dem Rundfunk vorgelegt werden. Die Nutzungsverträge werden dann sowohl mit dem Originalurheber als auch mit dem Bearbeiter abgeschlossen (§ 2 Abs. 2 und § 3 FunkVO).
Der Vertrag muß folgendes enthalten: Bestimmung des Titels und der Gattung des Werks; annähernder Umfang des Werks in Sendeminuten; bei Werken der bildenden Künste deren genaue Beschreibung; bei einem noch zu schaffenden Werk der Übergabetermin; Festlegung der zu zahlenden Urhebergebühr (§ 2 Abs. 1 FunkVO).

bb) Inhalt und Grenzen der Ausschließlichkeit der Nutzung

Hör- und Fernsehfunk erwerben die Rechte ausschließlich, ohne daß dies ausdrücklich vereinbart werden müßte, nur **an Werken, die auf Grund des Vertrages geschaffen wurden,** auf unveränderte Sendung bereits vorhandener Werke dagegen nicht. Werke, die im Auftrag des Rundfunks geschaffen wurden, dürfen bis zur ersten Sendung, längstens aber 4 Jahre lang, bei Musikwerken 1 Jahr lang von ihrer Übernahme gerechnet, gleichviel in welcher Form, nur mit Zustimmung des Hör- oder Fernsehfunks anderweitig genutzt werden. Die Ausschließlichkeit erstreckt sich also auch auf solche Nutzungsarten, die der Rundfunk selbst nicht ausüben will, die aber den Erfolg seiner Sendung beeinträchtigen könnten **(aktive und passive Ausschließlichkeit).**

Die Ausschließlichkeit betreffend Werke, die zu Sendezwecken verfilmt wurden, richtet sich nach den für Filme überhaupt bestimmten **Remake-Regeln** des URG (§ 42 Abs. 3 URG). Für Fälle einer Neuverfilmung ist es gleichgültig, ob diese zum Zwecke des Fernsehens oder des Vorführens erfolgt (§ 31 DurchfVO).

cc) Annahme des Manuskripts

Der Hör- und Fernsehfunk hat sich binnen zwei Monaten von der Übernahme des Manuskripts gerechnet schriftlich zu äußern, ob er es annimmt oder Ausbesserung desselben verlangt. Ausbesserungsansprüche sind zu begründen (§ 5 Abs. 1 FunkVO). Wird das ausgebesserte Manuskript vom Urheber innerhalb der vom Rundfunk neu gesetzten Frist wieder eingereicht, so hat sich der Hör- und Fernsehfunk hinsichtlich Annahme erneut binnen zwei Monaten schriftlich zu äußern.

Die Überschreitung der zur Erklärungsabgabe offenen Fristen kommt der Annahme des Werks gleich (§ 4 FunkVO).

dd) Auflösung des Vertrages

Die Realerfüllung des Vertrages kann auch vom Hör- und Fernsehfunk nicht erzwungen werden. Erfolgt aber die Sendung nicht innerhalb von 4 Jahren nach der Annahme des Werks (bei Musikwerken binnen 1 Jahres), so ist **der Urheber berechtigt**, vom Vertrag zurückzutreten (dem Wesen nach: den Vertrag zu kündigen) und die volle vereinbarte Gebühr zu beanspruchen (§ 6 Abs. 1 FunkVO, beruhend auf § 34 Abs. 2 URG).

Hör- und Fernsehfunk sind berechtigt, vom Vertrag zurückzutreten, wenn der Urheber das Werk nicht fristgerecht übergibt oder die in begründeter Weise verlangten Änderungen ohne zureichenden Grund nicht durchführt. In diesen Fällen gebührt dem Urheber keine Vergütung (§ 29 Abs. 3 URG; § 5 Abs. 1 FunkVO).

Hör- und Fernsehfunk sind ferner berechtgit, vom Vertrag dann zurückzutreten (eigentlich: den Vertrag zu kündigen), wenn sie das Werk auch nach Ausbesserung nicht zur Verwendung geeignet finden, müssen aber dem Urheber für seine geleistete Arbeit 25% der vereinbarten Vergütung binnen 8 Tagen nach der Verweigerung der Annahme zahlen. Etwaige Vorschüsse sind anzurechnen.

c) Besondere Vorschriften für Sendeverträge ohne Verfilmung

Im Rahmen eines Nutzungsvertrages über die Sendung eines Werks in unveränderter Form erwerben Hör- und Fernsehfunk das Recht auf Aufzeichnung des Werks in beliebiger technischer Weise sowie das Recht zur Sendung des Werks über beliebige inländische Sendestationen.
Mangels anderweitiger Vereinbarung sind Hör- und Fernsehfunk berechtigt, die Aufzeichnung auch ausländischen Sendeanstalten zu übergeben; dadurch können aber die unmittelbaren, den ausländischen Tarifsätzen entsprechenden Vergütungsansprüche des Urhebers gegenüber der ausländischen Sendeanstalt nicht beeinträchtigt werden.
Auf Grund eines Sendevertrages wird in der Regel ein noch unveröffentlichtes Werk gesendet. Veröffentlichte Werke können nämlich auf Grund der gesetzlichen Lizenz des Rundfunks ohne Vertrag gesendet werden. Die erfolgte Sendung bedeutet aber auch bei Werken, die auf Grund eines Vertrages genutzt werden, deren Veröffentlichung. Demzufolge können weitere Sendungen nach Ablauf des Vertrages ohne besondere Genehmigung des Urhebers gegen Vergütung durchgeführt werden (§ 7 FunkVO). Eine Ausnahme bilden Übertragungen von Bühnenaufführungen, wenn der Urheber sich die Senderechte vorbehalten hat.

d) Besondere Vorschriften der Verfilmungsverträge zu Sendezwecken

Im Verfilmungsvertrag erwirbt das Fernsehen das Recht, durch Nutzung des Werks einmalig eine aufgezeichnete Fernsehproduktion herzustellen, diese mit fremdsprachigen Inschriften zu versehen oder fremdsprachig zu synchronisieren, und ohne Gebietsbeschränkung auch wiederholt zu senden bzw. anderen Sendern zur Sendung zu übergeben, ferner – dies jedoch gegen Zahlung einer zusätzlichen Urhebergebühr – das Recht, die Produktion im In- und Ausland zum Zwecke der öffentlichen Vorführung zu verwerten.
Im Rahmen des erworbenen Verfilmungsrechts kann der Fernsehfunk auch einen anderen Urheber mit der zur Produktion nötigen Bearbeitung des Werks beauftragen, selbstverständlich unter Wahrung der Persön-

lichkeitsrechte des Originalautors. Der Originalurheber kann sich die Billigung des Drehbuchs vorbehalten.
Einzelne Teile der Produktion darf das Fernsehen auch in seinen anderen Programmen verwenden. Ausländische Sender kann er jedoch hierzu nicht berechtigen, es sei denn, daß die Teilnutzung der Propagierung des Fernsehfilmes dient, z. B. in Form eines Vorspanns (§§ 8 bis 10 FunkVO).

e) Urhebergebühren

In der Anlage zur FunkVO sind die vom Hörfunk und die vom Fernsehfunk zu zahlenden Gebühren gesondert nach Schöpfungsgattungen geordnet und durch Festsetzung der sich in den meisten Fällen auch nach der Sendedauer richtenden unteren und oberen Gebührengrenzen bestimmt.
Für die Hörfunkübertragung von Bühnenwerken gelten feste Sätze, die in ihrer Höhe davon abhängig sind, ob die Übertragung vor oder nach der zehnten Aufführung, in Form einer Livesendung oder auf Grund einer von einer laufenden Aufführungsserie unabhängigen Aufzeichnung erfolgt. Bei einer Fernsehübertragung aus Theatern muß dem Urheber derselbe prozentuelle Anteil an dem für das Theater bezahlten Gesamtbetrag gesichert sein, welcher ihm aus den Aufführungseinnahmen zusteht.
In der Aufstellung der Fernsehgebühren befinden sich Werkarten, die vorwiegend unverändert gesendet werden, wie z. B. nichtbühnenmäßige Musikwerke. Bei Verfilmung solcher Werke sind die Gebührensätze um 50% zu erhöhen. Die übrigen Werke hingegen werden in der Regel verfilmt genutzt. Kommt es zur unverfilmten Sendung solcher Werke, so ist die tarifmäßige Gebühr um 50% herabzusetzen. Die Sendegebühr ist zwischen den unteren und oberen Tarifgrenzen frei zu vereinbaren.
Originalurheber und Bearbeiter beteiligen sich zusammen an den für die durch Bearbeitung entstandenen Werke bestimmten Gebührensätzen. Wegen Bearbeitung eines Werks des *domaine public* kann dem Bearbeiter nicht mehr als 60% der oberen Gebührengrenze vergütet werden.
Durch die Zahlung der tarifmäßigen Gebühren sind alle durch den Vertrag genehmigte Nutzungen abgegolten, bis auf jene Nutzungsarten, für welche die FunkVO Sondergebühren vorsieht.
Die wichtigsten **zusätzlichen Gebühren** sind die folgenden:
Für **wiederholte Sendung** des auf Grund eines Sendevertrages genutzten Werks muß vom Hörfunk jeweils 50% der ursprünglichen Gebühr entrichtet werden. Das Fernsehen zahlt für die zweite Sendung 50%, für weitere Sendungen 25%. Sollte jedoch auch bei unveränderter Sendung die obere Grenze der für Verfilmung des Werks vorgesehenen Gebühr ver-

einbart werden, so sind mit dieser Summe sämtliche Wiederholungen abgegolten. Bei unveränderter Sendung eines bereits veröffentlichten Werks auf Grund der **gesetzlichen Lizenz** gilt schon die erste Sendung als Zweitnutzung des Werks und muß dementsprechend vergütet werden. Bei Übertragung von Bühnenaufführungen gibt es jedoch auch in Fällen der gesetzlichen Lizenz keine Abweichung von den auf Grund eines Sendevertrages erzielbaren Gebühren: Die Übertragung einer Aufführung ist in beiden Fällen bereits Zweitverwertung.
Für **Sendungen von Teilen** des verfilmten Werks im Rahmen eines anderen Programms muß anteilmäßig zusätzlich gezahlt werden. Die Berechnung der Gebühr erfolgt auf Grund der Länge des genutzten Fernsehfilms und der für Erstsendung maßgebenden Vergütung.
Die Urheber einer aufgezeichneten Produktion sind an den Nettoerlösen aus **Auslandsverwertungen** mit 10% beteiligt.
Die Vergütung wegen Nutzung des Fernsehfilms in **Filmtheatern** muß zusätzlich vereinbart werden.
Hinsichtlich Nutzungsarten der Fernsehaufzeichnung, die zur Zeit der Kodifizierung der Vertragsbedingungen noch nicht wertbar waren, wie z. B. Nutzung in Form von Videokassetten, soll im Nutzungsvertrag ausdrückliche Vereinbarung getroffen werden.
Als **Vorschuß** kann dem Urheber höchstens 50% der tarifmäßigen Gebühr bei Vertragsunterzeichnung oder später, auf einmal oder in mehreren Raten bezahlt werden. Die tarifmäßigen Gebühren auf Grund von Nutzungsverträgen werden in 8 Tagen nach Annahme des Werks, bei fertigen Werken nach Vertragsschluß, bei wiederholten Sendungen nach erfolgter Sendung **fällig.** Urheberbeteiligungen an Erlösen aus dem Ausland müssen binnen 30 Tagen über das Büro zur Wahrung der Urheberrechte abgerechnet und überwiesen werden (§§ 11 bis 15 FunkVO).

V. Verwandte Schutzrechte

1. Wesen und Arten der verwandten Schutzrechte

Im neuen Urheberrechtsgesetz sind auch mit dem Urheberrecht verwandte Schutzrechte geregelt. Durch die Rechte werden Interessen an **Leistungen** geschützt, die entweder in der Darbietung bzw. Vermittlung von Urheberwerken für die Öffentlichkeit bestehen, wie die Leistung der ausübenden Künstler oder die Programmgestaltung des Hör- und Fernsehfunks; oder die werkähnliche, jedoch nicht eigenschöpferische Darstellungen von natürlichen oder künstlich geschaffenen Objekte sind, wie die Verfertigung von reproduzierenden Photographien, Abbildungen und sonstigen Demonstrationsmitteln.
Dieser Leistungsschutz lehnt sich an die Vorschriften des Urheberrechts an und ist im Zusammenhang mit einem gleichzeitig wirksamen Urheberschutz gerechtfertigt. So müssen neben dem Schutz der ausübenden Künstler zugleich die Rechte der Urheber der dargebotenen Werke, beim Schutz der Rundfunkanstalt die Wahrung der Urheberrechte am gesendeten Programm, im Falle des Schutzes von werkähnlichen Darstellungen verschiedener Objekte gegebenenfalls die Rechte der Urheber der wiedergegebenen Gegenstände mit gewahrt werden.

2. Einzelne Schutzkategorien

a) Schutz der ausübenden Künstler

Im alten Gesetz von 1921 wurde versucht, den Schutz der ausübenden Künstler über die Fiktion der Bearbeitung zu sichern. Im § 8 wurde die mit künstlerischer Tätigkeit verbundene Adaptation zum Zwecke einer mechanischen Wiedergabe dem Begriffskreis der Bearbeitungen zugeordnet. Der Gesetzgeber hat sich im neuen Urheberrechtsgesetz für eine direkte Regelung *sui generis* entschlossen.
Zur Aufzeichnung oder Übertragung der künstlerischen Leistung bedarf es der Zustimmung des ausübenden Künstlers. Das URG sichert ausübenden Künstlern von Beruf auch das Recht auf Vergütung. Im Falle der Aufzeichnung oder Übertragung der Leistung steht dem Künstler auch das Recht auf Namensnennung und auf unentstellte Wiedergabe zu.

Das Gesetz regelt zwei Einschränkungen:
Den realen Möglichkeiten entsprechend genügt im Falle eines Künstlerensembles die Zustimmung des Leiters und der wichtigsten Mitwirkenden (Solisten). Auch das Recht auf Namensnennung und der Schutz gegen Entstellungen werden im Gesetz nur dem Leiter und den wichtigsten Mitgliedern gesichert.
Der Schutz der ausübenden Künstler ist in seinem Verhältnis zum Urheberrecht akzessorisch. Die Zustimmung der Künstler ist nicht erforderlich, wenn laut den gesetzlichen Bestimmungen auch die Genehmigung der Urheber urheberrechtlich relevanter Werke nicht einzuholen ist (§§ 49 bis 50 URG).

b) Schutz der Tonträgerhersteller

Ungarn ist zur Zeit nicht Mitglied der Romkonvention aus 1961 zum internationalen Schutz der ausübenden Künstler, Tonträgerhersteller und Sendeunternehmer. Im URG wurde auch keine besondere Schutzart zugunsten der Schallplattenhersteller und dergleichen ausgestaltet. Der Hersteller der Aufzeichnung einer darbietenden künstlerischen Leistung kann sich in Form einer ihm vom darbietenden Künstler vertraglich zugesicherten Ausschließlichkeit hinsichtlich unwillkommener Nachpressung oder Überspielen seiner Aufnahme wahren. Ansonsten stehen ihm die Mittel gegen den unlauteren Wettbewerb zu. Es wird aber bereits ein Schutz sui generis der Tonträgerhersteller angestrebt, durch Vorbereitung einer Novellierung des URG.

c) Schutz an Hörfunk- und Fernsehprogramm

Das Programm des Hör- und Fernsehfunks darf – sei es zum Teil oder zur Gänze – nur mit dessen Zustimmung von anderen Hör- und Fernsehfunkanstalten übernommen sowie zum Zwecke der Invertriebnahme oder öffentlichen Vorführung aufgezeichnet werden (§ 23 Abs. 2 URG).

d) Schutz an nichtkünstlerischen Photographien, Abbildungen und sonstigen Anschauungsmitteln

Photographien, Abbildungen, technische Zeichnungen, Landkarten, veranschaulichende Bilder oder Mittel und Filme, die keine Werke der Wissenschaft oder Kunst darstellen, genießen Leistungsschutz, wenn auf

ihnen der Name des Verfertigers und das Jahr des Erscheinens oder der Veröffentlichung vermerkt ist (vgl. § 51 Abs. 1 URG).
Zu diesem Kreis gehören auch die nicht als eigenschöpferische Werke anzusehenden Textbilder, geographische, topographische Abbildungen bzw. Skizzen, architektonische, technische Pläne, Zeichnungen oder Skizzen, Makette, Reliefbilder, Modelle, Fachphotos und Filme (§ 36 DurchfVO).
Die Rechte an allen diesen Verfertigungen sind natürlich wesentlich beschränkter, als jene an Urheberwerken. Wie bereits erwähnt, ist der Schutz an die Erfüllung gewisser formaler Bedingungen geknüpft. Inhaltlich besteht der Schutz im Recht auf Entscheidung hinsichtlich Nutzung und auf Namensnennung im Zusammenhang mit der Nutzung. In Fällen, wo auch Urheberwerke ohne Berücksichtigung dieser Rechte genutzt werden können, stehen sie auch dem Verfertiger der unter Leistungsschutz fallenden Objekte nicht zu (§ 51 Abs. 3 URG).
Die Dauer dieses Leistungsschutzes beträgt 15 Jahre auf das Jahr des Erscheinens oder der Veröffentlichung folgend (§ 51 Abs. 2 URG).

VI. Folgen der Verletzung der im URG gesicherten Rechte

1. Sanktionen

a) Zivilrechtliche Ansprüche

Die im URG bestimmten zivilrechtlichen Ansprüche des Urhebers im Falle der Verletzung seiner Rechte wurden im Hinblick auf die seiner Person anhaftenden Befugnisse weitgehend in Anlehnung an die im Zivilgesetzbuch für Persönlichkeitsrechtsverletzungen geregelten Sanktionen ausgebaut. Sie richten sich auf die gerichtliche Feststellung der Rechtsverletzung, auf gerichtliche Aufforderung zur Unterlassung der rechtswidrigen Handlung, auf Sicherung einer Genugtuung durch Erklärung oder auf eine andere geeignete Weise, auf Wiederherstellung der ursprünglichen Lage auf Kosten des Rechtsverletzers, auf Vernichtung der durch die Rechtsverletzung entstandenen Sache oder Beseitigung ihres rechtsverletzenden Charakters (§ 52 Abs. 1 URG).
Wenn die Verletzung des Urheberrechts auch einen Vermögensschaden verursacht hat, so ist entsprechend den Bestimmungen über die zivilrechtliche Verantwortlichkeit **Schadenersatz** zu leisten (§ 52 Abs. 2 URG). Laut dem Zivilgesetzbuch kann sich die Person, die einem anderen rechtswidrig Schaden verursacht hat, der Verantwortung dann entziehen, wenn sie nachweist, so vorgegangen zu sein, wie es in der gegebenen Lage im allgemeinen zu erwarten ist. Ansonsten kann sie vom Gericht ihrer Haftung nur unter besonders billigenswerten Umständen und auch so nur teilweise entledigt werden (§ 339 Zivilgesetzbuch). Die Beweislast hinsichtlich Verantwortlichkeit obliegt also bei Verletzungen des Urheberrechts dem Verletzer.
Im Falle unberechtigter Nutzung des Werks steht dem Urheber die für die rechtmäßige Nutzung zu zahlende **Vergütung jedenfalls** zu. Ist die Rechtsverletzung vom Nutzer verschuldet, so ist außer der dem Urheber zustehenden Vergütung und darüber eventuell hinausgehende Entschädigung noch ein der Urhebervergütung entsprechender Betrag als Buße vom Gericht aufzuerlegen. Dieser Betrag kann nur unter besonders zu billigenden Umständen ermäßigt werden (§ 53 URG).
Um eine *condictio sine causa* zu vermeiden, ist die vom Gericht auferlegte Buße zugunsten des Kulturellen Fonds des Ministeriums für Bil-

dungswesen einzuzahlen. Diese Bußen werden vom Minister für Bildungswesen zur Unterstützung der Kultur und zu Wohlstandszwecken der Urheber aufgewandt (§ 37 DurchfVO).
Die Bestimmungen des URG über die zivilrechtlichen Ansprüche des Urhebers im Falle von Rechtsverletzungen sind entsprechend auch im Bereich der mit dem Urheberrecht verwandten Schutzrechte anzuwenden (§ 54 URG).

b) Strafrechtliches Belangen

Im URG werden keine strafrechtlichen Folgen der Urheberrechtsverletzung vorgesehen. § 306 des geltenden ungarischen Strafgesetzbuches sieht allerdings vor, daß derjenige, der die geistige Schöpfung eines anderen als seine eigene ausgibt und damit dem Berechtigten Schaden zufügt, bis zu 3 Jahren Gefängnis verurteilt werden kann. Diese strafrechtliche Bestimmung kommt jedoch kaum zur Anwendung.

2. Verfahren

a) Gerichtliche Zuständigkeit

Die urheberrechtlichen Streitfälle sind der Gerichtszuständigkeit unterworfen, auch dann, wenn sich der Streit im Zusammenhang mit einem in Arbeitsverhältnis geschaffenen Werk ergibt (§ 2 DurchfVO). In Sachen des Urheberrechts sind die Komitatsgerichte bzw. das Hauptstädtische Gericht zuständig (§ 23 Abs. 1 Buchstabe d des Gesetzes Nr. III von 1952 über die Zivilprozeßordnung).

b) Körperschaft urheberrechtlicher Sachverständigen

Bereits im ersten ungarischen Gesetzesentwurf vom Jahre 1844 wurde die Errichtung eines Sachverständigengremiums zur Unterstützung der Arbeit des Gerichts vorgesehen. Auch das vor kurzem abgelöste alte Urheberrechtsgesetz aus 1921 regelte die Tätigkeit eines solchen Kollegiums, welche aber nach Beendigung des Zweiten Weltkrieges eingestellt wurde. Der Gesetzgeber sorgte nun im URG für die Neugründung einer entsprechend organisierten Sachverständigenkörperschaft.
In Fachfragen, die sich aus Urheberrechtsstreitigkeiten ergeben, können die Gerichte und andere Behörden die unter der Aufsicht des Ministers für Bildungswesen organisierte Körperschaft von Sachverständigen um Gutachten ersuchen (§ 55 URG).
Auf Grund des gemeinsamen Ersuchens der im Streitfall interessierten

Parteien kann die Körperschaft in Fragen betreffend Ausübung von Nutzungsrechten auch außer Prozeß Meinung äußern (§ 38 Abs. 4 Durchführungsverordnung).

Die Organisation und die Tätigkeit dieser Körperschaft wurden vom Minister für Bildungswesen im Einvernehmen mit dem Justizminister durch Erlassen einer Satzung geregelt.

Die Mitglieder der Körperschaft wurden und werden vom Minister für Bildungswesen aus den Mitgliedern der wissenschaftlichen Institutionen, der künstlerischen Verbände und sonstiger interessierter Organisationen auf Grund der Vorschläge dieser und ihrer Aufsichtsbehörde, ferner aus der Reihe sich mit Urheberrecht befassender theoretischer und praktischer Fachleute ernannt. Präsident und Mitglieder des Präsidiums werden ebenfalls vom Minister für Bildungswesen ernannt. Wie aus der Zusammensetzung der Mitgliedschaft ersichtlich, bezweckt die Körperschaft die **sachkundige Beurteilung** der mit dem technischen und gesellschaftlichen Fortschritt immer komplizierter werdenden **urheberrechtlichen Sachverhalte** durch Einbeziehung der Vertreter aller interessierter Gesellschaftsgruppen, ohne welche eine entsprechende Anwendung des Rechts kaum vorzustellen ist. Durch die Gründung der Körperschaft wurde auch eine intensivere gesellschaftliche Teilnahme an den Entscheidungen über Urheberstreitfälle gesichert.

Die Administration der Körperschaft wird vom Büro zur Wahrung der Urheberrechte ausgeübt.

Die Fachgutachten werden im Rat von 3 oder 5 Mitgliedern, die jeweils vom Präsidenten ernannt werden, mit Stimmenmehrheit erbracht. Der Streitfall und die strittigen Fragen werden dem Rat durch ein hierzu ernanntes Ratsmitglied vorgetragen, zusammen mit seinen Vorschlägen betreffend dazu zu erbringende Gutachten. Abgestimmt wird nach eingehender Beratung unter der Leitung des Ratspräsidenten. Das Fachgutachten wird schriftlich abgefaßt.

Zur Ergänzung des schriftlichen Gutachtens kann das Gericht den Vorsitzenden des Rates und wenn nötig, die an der Meinungsgestaltung beteiligten Ratsmitglieder vorladen.

Wie sonstige Gutachten, bindet auch das Gutachten der Körperschaft urheberrechtlicher Sachverständigen das Gericht nicht. Erfahrungsgemäß wird aber bei Fällung der Urteile auf die Gutachten der Körperschaft weitestgehend Rücksicht genommen. Seit dem Bestehen der Körperschaft wurde sie bereits in zahlreichen Fällen vom Gericht um Gutachten ersucht.

Der Tätigkeit der Körperschaft widmete auch die Presse große Aufmerksamkeit, was wiederum das Anwachsen des gesellschaftlichen Interesse an Urheberrechtsangelegenheiten zur Folge hatte.

VII. Internationale Aspekte

1. Urheberrechtsschutz von Ausländern

a) Schutzregeln des URG

Aus § 2 URG folgert, daß auf Werke, die zum ersten Mal in Ungarn veröffentlicht wurden, auch dann das ungarische Gesetz anzuwenden ist, wenn sie nicht von einem ungarischen Staatsangehörigen geschaffen worden sind. Der **Schutz auf Grund des URG** ist nicht auf Rechte an erstmals in Ungarn erschienenen Werken beschränkt: Bedingung ist die Veröffentlichung im weitesten Sinne, so daß auch Urhebern fremder Staatsbürgerschaft für in Ungarn uraufgeführte Musikwerke, Bühnenwerke, öffentlich zuerst hier ausgestellte Kunstwerke usw. urheberrechtlicher Schutz nach Maßgabe der Bestimmungen des URG gewährt werden muß.

Ansonsten steht den ausländischen Staatsbürgern der durch das URG gewährte Schutz nur auf Grund **internationaler Übereinkunft** bzw. der **Gegenseitigkeit** zu. Der Begründungsmoment der Gegenseitigkeit ist im Hinblick auf Staaten - vorwiegend Entwicklungsländer - hervorzuheben, die keinem internationalen Urheberrechtsabkommen zugehören, den Schutz ausländischer Urheber jedoch auf Gegenseitigkeitsbasis ebenfalls zusichern. Die Gegenseitigkeit kann gegebenenfalls durch einfachen Notenwechsel herbeigeführt werden, ohne daß dazu die beim Abschluß zwischenstaatlicher Abkommen nötige komplizierte Prozedur einzuleiten wäre[18].

b) Internationale Urheberrechtsabkommen Ungarns

Ungarn ist der **Berner Übereinkunft** mit Gesetz Nr. XIII vom Jahre 1922 beigetreten. Seitdem ratifizierte es die **Romfassung** (Gesetz Nr. XXIV aus 1931), den für Ungarn heute noch geltenden Text. Die in Stockholm revidierte Fassung hat Ungarn zwar unterzeichnet, jedoch beschlossen, sie in ihrer Originalform nicht zu ratifizieren. Hingegen ratifizierte Ungarn bereits die in Paris im Juli 1971 angenommene Fassung.

Den Mitgliedstaaten des **Welturheberrechtsabkommens** hat sich die Un-

---

[18] Ausführlicher **Boytha:** „Reciprocity ..."

garische Volksrepublik mit Wirkung ab 23. Januar 1971 angeschlossen (Gesetzesverordnung Nr. 4 aus 1971). Sie ratifizierte bereits auch die Pariser Fassung von 1971.
Mit Gesetz Nr. XXXI aus 1931 ist Ungarn auch der **Übereinkunft von Montevideo** vom 11. Januar 1889 beigetreten; sein Beitritt wurde von Argentinien, Bolivien und Paraguay zur Kenntnis genommen.
Mit den **Vereinigten Staaten von Amerika** hat Ungarn 1912 ein zweiseitiges Abkommen unterzeichnet (ratifiziert durch Gesetz Nr. LXI vom Jahre 1912), welches nach dem Zweiten Weltkrieg beiderseitig bekräftigt und bis heute in Kraft geblieben ist, obwohl seine Bestimmungen infolge des Beitritts Ungarns zum Welturheberrechtsabkommen im Sinne des Art. XIX des WUA zur Zeit nicht zur Anwendung kommen[19].
Im Jahre 1967 schloß Ungarn mit der **Sowjetunion** ein zweiseitiges Abkommen mit Wirkung ab 1. Januar 1968 ab, vorerst auf drei Jahre (verkündet in der Gesetzesverordnung Nr. 6 vom Jahre 1968). Dieses Abkommen wurde inzwischen auf weitere 7 Jahre in Form eines Notenwechsels verlängert (Gesetzesverordnung Nr. 16 aus 1971). Das ist das erste internationale Abkommen der Sowjetunion auf dem Gebiet des Urheberrechts[20]. Es kommt auch nach dem Beitritt der Sowjetunion an das Welturheberrechtsabkommen zur Anwendung.

2. Nutzungsverträge mit Ausländern

a) Vorschriften des Devisenrechts

Wie erwähnt, finden die verschiedenen Verordnungen über die Bedingungen und Urhebervergütungen einzelner Nutzungsarten auf Verträge mit Ausländern keine Anwendung. Der Inhalt dieser Verträge richtet sich nach den internationalen Usancen.
Es wird im Devisenrecht bestimmt, wer als Ausländer anzusehen ist. Diese Eigenschaft richtet sich also nicht einfach nach der Staatsangehörigkeit.
Laut § 3 der Gesetzesverordnung Nr. 1 vom Jahre 1974 (Devisenkodex) ist als **Ausländer** jene natürliche Person anzusehen, die ihren ständigen Wohnsitz im Ausland hat. Ausländische Staatsangehörige, die über Wohnerlaubnis in Ungarn verfügen, sind als Inländer zu betrachten. Juristische

---

[19] Über das Abkommen siehe **Boytha:** „Magyar müvek . . .“
[20] Zum Inhalt des Abkommens siehe insbesondere **Timár** („La convention . . .“/, **Ulmer, Schulze, Majoros** / „Das erste Urheberrechtsabkommen . . .“/, ferner **Boytha** /„Das Abkommen zwischen . . .“ und „Das Urheberrechtsabkommen . . .“/. Text des Abkommens deutsch in GRUR Int. 1968 S. 162/163 und bei **Schulze** in UFITA Bd. 51. (1968) S. 69.

Personen mit Sitz im Ausland sind selbstverständlich Ausländer; ihre in Ungarn tätigen Niederlassungen (Filialen, Vertretungen) sind jedoch den Inländern gleichzustellen.
Verträge welcher Art auch immer, die mit Ausländern über die Nutzung, Verwaltung oder Vertretung von Urheberrechten bzw. Werken geschlossen werden, bedürfen der vorherigen Zustimmung der Ungarischen Nationalbank. Die Übergabe von Werkträgern an Ausländer bedarf ebenfalls solcher Genehmigung (§ 4 Buchstabe b und § 6 Abs. 1 Buchstaben a, b, c und e des Devisenkodex).

b) Beim Vertragsabschluß mitwirkende Organisationen

Die internationalen Nutzungsverträge und sonstigen Vereinbarungen mit Ausländern betreffend Urheberwerke müssen **über hierzu berufene Organisationen abgeschlossen** werden (§ 2 der Verordnung 1/1960 / V. 10 / des Ministers für Außenhandel; § 20 DurchfVO). Diese Organisationen sorgen beim Vertragsschluß für eine den internationalen Gepflogenheiten bzw. den imperativen Rechtsvorschriften entsprechende Gestaltung des Vertragsinhaltes, führen die einschlägige Korrespondenz, sind auf die Berücksichtigung der ungarischen Devisenvorschriften bedacht, und fördern später im Laufe der Verwirklichung des Vertrages die fristgerechte und vertragsmäßige Begleichung der vereinbarten Urhebergebühren. Sie sorgen dafür, daß die Interessen der Urheber in jeder Hinsicht gewahrt werden und wirken bei der Schlichtung von Reklamations- bzw. Streitfällen mit.
Der ungarische Urheber oder der ungarische Werknutzer kann den Nutzungsvertrag mit einem Ausländer **in der Regel über das Büro der Wahrung der Urheberrechte** abschließen. (Für seine Tätigkeit setzt das Büro im allgemeinen 10% der vereinbarten Gebühren in Abzug. Von Gebühren aus sog. „kleinen" und „mechanischen" Rechten werden, wie international üblich, die Verwaltungskosten einbehalten.)
Für Schöpfungen der bildenden, angewandten und Photokünste als auch der industriellen Entwurfskunst – ausgenommen jedoch Illustrationen, die im Zusammenhang mit einem unter Mitwirkung des Büros zur Wahrung der Urheberrechte über andere Werke abgeschlossenen Verlagsvertrag genutzt werden sollen – muß der Nutzungsvertrag über den **Kunstfonds der Ungarischen Volksrepublik** abgeschlossen werden. Der Kunstfonds wurde durch Zusammenziehung der vorher selbständigen Fonds für Literatur, Musik und bildende Künste gegründet. Seine Aufgabe ist die Förderung der Arbeit seiner Mitglieder, gewährung von Vorschüssen auf Urhebergebühren, finanzielle Hilfeleistungen, die Lösung verschiedener

sozialen Aufgaben, die Verwaltung von Autorenheimen, wo die Urheber ihre Schaffungsarbeit unter entsprechenden Umständen entfalten können, die Unterhaltung von Unternehmen, durch die Werke der bildenden Kunst verwertet werden, die Vermittlung von Bestellungen staatlicher und gesellschaftlicher Organe, usw. Auf diese Grundlagen stützt sich die Vermittlungstätigkeit des Fonds bei internationalen Nutzungsverträgen auf dem Gebiet der Kunst.
Nutzungsverträge betreffend aktuelle Artikel und aktuelle Photos über Wirtschaft oder Politik, die in periodischen Presseerzeugnissen erscheinen, sollen über das **Informationsbüro der Regierung** geschlossen werden.
Nutzungsverträge über Filme werden mit dem **Außenhandelsunternehmen Hungarofilm** abgeschlossen. Verfilmungsverträge mit Ausländern sind jedoch über das Büro zur Wahrung der Urheberrechte abzuschließen.
Nutzungsverträge über Werke der Baukunst sind über die **Entwurfsbüros** zu schließen.
Von den Bestimmungen über die verbindliche Mitwirkung der aufgezählten Organisationen kann der Minister für Bildungswesen im Einvernehmen mit dem Präsidenten der Ungarischen Nationalbank befreien (§ 20 Abs. 3 DurchfVO).

c) Steuerverordnungen auf Gegenseitigkeitsbasis

Zur **Vermeidung der Doppelbesteuerung** von Urhebergebühren sind zur Zeit folgende zwischenstaatliche Abkommen Ungarns in Geltung: Mit **Österreich** (im Gesetz Nr. XL aus 1925 verkündigt und zufolge der im November 1945 seitens Österreich erfolgten ausdrücklichen Anerkennung des mit dem Deutschen Reich in 1941 unterzeichneten und im Gesetz Nr. XIV vom Jahre 1941 verkündeten Zusatzabkommens Ungarns in seiner Geltung aufrechterhalten); mit den **Niederlanden** (Gesetz Nr. V aus 1940); mit **Schweden** (Gesetz Nr. XXV aus 1937); mit der **Schweiz** (Gesetz Nr. VI aus 1949); mit **Polen** (Gesetz Nr. XXVII aus 1931) und mit **Rumänien** (Gesetz Nr. XVI aus 1949). Mit der **Sowjetunion** wurde die gegenseitig steuerfreie Überwesung der Urhebergebühren im Rahmen des Urheberrechtsabkommens von 1967 geregelt.
In allen diesen Abkommen – bis auf die Übereinkunft mit Rumänien – ist vorgesehen, daß die dem ausländischen Berechtigten zu zahlenden Urheber- bzw. Lizenzgebühren steuerfrei zu begleichen sind und diese Gebühren nur im Empfangsstaat einer Einkommen- bzw. Gewinnsteuer unterworfen werden können. Mit Rumänien wurde hingegen vereinbart, daß nur im Staat des Werknutzers eine Besteuerung erfolgt, und im Emp-

fangsstaat die erhaltenen Gebühren steuerfrei entgegengenommen werden können.
Wo kein Abkommen zur Vermeidung der Doppelbesteuerung angewendet werden kann, sind die diesbezüglichen Bestimmungen der ungarischen Verordnungen maßgebend. Die in Durchführung der Regierungsverordnung Nr. 38/1961 / XII. 4 erlassene Verordnung Nr. 21/1961 / XI. 30 des Finanzministers über die Gewinnsteuer juristischer Personen und die in Durchführung der Einkommensteuerverordnung Nr. 43/1971 / XII. 17 der Regierung erlassene Verordnung Nr. 36/1971 / XII. 17 des Finanzministers verfügen, daß in Fällen, wo die Ungarische Volksrepublik mit dem Staat des ausländischen Urheberrechtsberechtigten auf dem Gebiet der urheberrechtlichen Nutzungen gegenseitige Beziehungen pflegt, bei Besteuerung der dem Ausländer zu zahlenden Nutzungsvergütungen derselbe Steuersatz anzuwenden ist, welcher im betreffenden Auslandsstaat gegenüber ungarischen Urhebern gehandhabt wird. Die Einkommensteuer (d. h. die Steuer natürlicher Personen) kann jedoch bei Gebühren ausländischer Bezugsberechtigten nicht niedriger als 20% sein. In allen anderen Fällen ist dieser 20%ige Steuersatz nur dann anzuwenden, wenn kein gegenseitiger Zahlungsverkehr hinsichtlich Nutzung von Urheberwerken festzustellen ist.
Werden die Gebühren ungarischer Urheber ohne jedweden Steuerabzug überwiesen, so muß den Bezugsberechtigten dieses Staates auch ungarischerseits eine steuerfreie Bezahlung der Urhebergebühren gewährleistet werden, und zwar sowohl für juristische Personen (Gewinnsteuer) als auch für natürliche Personen (Einkommensteuer), ohne daß hierzu ein zwischenstaatliches Abkommen geschlossen werden müßte. **Die ungarische Steuerregelung beruht also im wesentlichen auf dem Prinzip der Reziprozität** und richtet sich nach den Steuerregeln des jeweiligen Partnerstaates. Auf Grund der Reziprozität werden z. B. die Gebühren dänischen, norwegischen und finnischen Bezugsberechtigten steuerfrei bezahlt. Auf dieser Grundlage wurde auch die Vermeidung der Doppelbesteuerung zwischen Ungarn und der Bundesrepublik herbeigeführt (vgl. amtliche Mitteilung im Bundessteuerblatt Nr. 21 vom 14. September 1972, Teil I, S. 473). Im Verhältnis zu manchen anderen Staaten führten die ungarischen Steuerverordnungen zur gegenseitigen Herabsetzung der Steuerlast.
Den Urheberinteressen wird also nicht nur durch das Urheberrecht im engeren Sinne gedient; die Ungarische Volksrepublik ist auch bemüht, den berechtigten Interessen der Urheber zur Förderung der Kultur mit allen geeigneten gesellschaftlichen und rechtlichen Mitteln zur Geltung zu verhelfen.

VIII. Literatur

Benárd, Aurél

A szocialista szerzöi jog alapvetö kérdései. Magyar jog és külföldi jogi szemle. 1960, pp. 212-222.

Zenemü átdolgozásának szerzöi jogi védelme. Magyar jog és külföldi jogi szemle. 1961, pp. 115-118.

A szellemi alkotások jogának kodifikációja. Magyar jog és külföldi jogi szemle. 1969, pp. 291-295.

Boguslavskij, M. M.

Wsaimnaja ochrana avtorskich praw i sotrudnitschestvo stran sozialisma. Sowjetskoje gosudarstvo i prawo, Moskwa, 1969, pp. 120-125.

Boytha, György

Magyar müvek szerzöi jogi védelme az Amerikai Egyesült Allamokban. Jogtudományi Közlöny, 1965, pp. 85-94.

Some problems of the development of copyright law with special regard to television. Acta Juridica Academiae Scientiarum Hungaricae. Tom. VIII. Budapest 1966, pp. 289-317.

Néhány gondolat a kiadói szerzödések köréböl. Jogtudományi Közlöny. 1967, pp. 627-631.

Reciprocity in International Copyright Law. (In: Questions of International Law, herausgegeben von Haraszti, György, Budapest, 1968, pp. 37-63.)

A szerzöi jog és az iparjogvédelem összefüggései. Jogtudományi Közlöny. 1968, pp. 594-602.

Das Abkommen zwischen Ungarn und der Sowjetunion über den gegenseitigen Schutz der Urheberrechte. GRUR. Int. 1968, S. 159-162.

Das Urheberrechtsabkommen zwischen der Sowjetunion und Ungarn im Spiegel der jüngsten Entwicklung des Urheberrechts beider Staaten. GRUR. Int. 1969, S. 439-445.

Some Borderline Problems of Copyright with Special Regard to the Protection of Industrial Property and the Law of Competition. Acta Juridica Academiae Scientiarum Hungaricae. Tom. XI (3-4), Budapest 1969, pp. 267-293.

Urheberrechtliche Konsequenzen der Abhängigkeit der Übersetzung vom Originalwerk. UFITA. Band 55/1970, S. 89-103.

Wesenszüge des sozialistischen Urheberrechts und das neue Urheberrechtsgesetz der Ungarischen Volksrepublik. Wissenschaftliche Zeitschrift der Humboldt-Universität zu Berlin, Ges.-Sprachw. R. XX (1971) S. 131–142.

Ipari mintaoltalom és szerzöi jog. Magyar Jog. 1973, pp. 268–275.

Film und Fernsehen im ungarischen Urheberrecht, in UFITA Bd. 64/1972, S. 83–116 = Festschrift für Georg Roeber (J. Schweitzer Verlag, 1973), S. 25 ff.

Neue Entwicklungstendenzen im internationalen Urheberrecht. „Acta Juris Civilis" Universitatis Scientiarum Budapestinensis Fasc. 4, 1973. 89 S.

Nutzungsorientierte Entwicklung im internationalen Urheberrecht. In: Festschrift für Eugen Ulmer, GRUR Int. 1973. S. 247–252.

Lontai, Endre

A teljesités és szerzödésszegés kérdései a kutatási szerzödések körében. Állam és Jogtudomány, 1970, pp. 482–501.

Majoros, Ferenc

Das erste Urheberrechtsabkommen der Sowjetunion. Das Abkommen zwischen der UdSSR und der Ungarischen Volksrepublik vom 17. November 1967, Osteuropa-Recht, 1968, S. 175–196.

Die neue Kodifikation des ungarischen Urheberrechts. Osteuropa-Recht.

Nizsalovszky, Endre

A szerzöi jog öröklése és a PTK tervezete. Magyar Jog 1958, pp. 167 bis 172.

La protection des artistes exécutants. Acta Juridica Academiae Scientiarum Hungaricae. Budapest 1964, pp. 301–333.

Palágyi, Róbert

A magyar szerzöi jog zsebkönyve. 2. Aufl., Budapest 1959, S. 304.

Lettres de Hongrie. Le droit d'auteur. 1961, pp. 303–318; 1965, pp. 131 bis 147; 1967, pp. 242–259; 1970, pp. 77–80.

Das neue ungarische Urheberrechtsgesetz. GRUR. Int. 1970, S. 185 bis 194.

Schulze, Erich

Die urheberrechtliche Wende in der Sowjetunion. UFITA Bd. 51/1968, S. 69–74.

Sólyi, József

A munkaköri kötelezettséggel kapcsolatos egyes kérdések a szerzöi jogban. Magyar Jog 1970, pp. 281–284.

Timár, István

La convention hongaro-sovietique en matiere de droit d'auteur. Le droit d'auteur, 1968, pp. 63–71.

La nouvelle loi hongroise sur le droit d'auteur. Le droit d'auteur, 1969, pp. 242–247.

Az új szerzöi jogi törvényröl. Magyar Jog, 1969, pp. 449–453.

Lettre de Hongrie. Le droit d'auteur, 1974. pp. 78–85.

Törö, Károly:

Kiadói szerzödések. Jogtudományi Közlöny. 1967, pp. 39–46.

Ulmer, Eugen

Urheberrechtsfragen in den Beziehungen zwischen Westen und Osten. GRUR. Int. 1968, S. 406–413.

Vida, Alexander/Sándor

Gewerblicher Rechtsschutz und Urheberrecht in Ungarn. GRUR. Int. 1967, S. 94–99.

Világhy, Miklós

Les fondaments théoriques de la protection juridique des oeuvres de l'esprit dans les regimes socialistes. Annales Universitatis Scientiarum Budapestinensis de Rolando Eötvös Nominatae. Sectio iuridica. Tomus VI. 1965, pp. 125–160.

Die Neugestaltung des ungarischen Urheberrechts. Wissenschaftliche Zeitschrift der Humboldt-Universität zu Berlin, Ges.-Sprachw. R. 1966, S. 811–819.

Világhy, Miklós – Eörsi, Gyula

Magyar polgári jog I–II., Budapest 1962, II. pp. 221–285.

Zakár János

Das neue ungarische Urheberrechtsgesetz in Ius auctoris vindicantum, Festgabe für Erich Schulze, 1973, S. 350–416 (zugleich auch französisch).

A szerzöi jog kézikönyve. (Handbuch des Urheberrechts.) Herausgegeben von Benárd, Aurél und Timár, István. Autorenkollektiv: Batta, János; Benárd, Aurél; Boytha, György; Für, Sándor; Lindner, Gyula; Malonyai, Dezsö; Timár, István; Zakár, János. Budapest, 1973. pp. 810.

A szellemi alkotásokkal kapcsolatos jogszabályok I–II. (Texte der Rechtsnormen über die geistigen Schöpfungen), zusammengestellt und annotiert von Gellért, György und Zoltán, Ödön, Budapest 1973. Diese Sammlung bringt auch den Inhalt der wichtigsten einschlägigen Entscheidungen des Obersten Gerichtes (pp. 786/I und 567/II).

IX. Gesetz Nr. III vom Jahre 1969 über das Urheberrecht und Verordnung des Ministers für Bildungswesen Nr. 9/1969 / 29.XII./MM über die Durchführung des Urheberrechtsgesetzes (DurchfVO)

Erster Teil
Allgemeine Bestimmungen

I. Abschnitt
Einleitungsbestimmungen
Geltungsbereich des Gesetzes

§ 1

(1) Dieses Gesetz schützt die literarischen, wissenschaftlichen und künstlerischen Schöpfungen. Die Ungarische Volksrepublik unterstützt die Einrichtungen, denen die Aufgabe der Anregung der schaffenden Arbeit und die Förderung der gesellschaftlichen Nutzung von Urheberschöpfungen zusteht.
(2) Die Leistungen der ausübenden Künstler wie auch andere mit der schöpferischen Urheberarbeit verwandte Leistungen (§ 51) stehen gleichwohl unter dem Schutz des Gesetzes.
(3) Rechtsvorschriften, öffentliche Entscheidungen, behördliche Bekanntmachungen, Akten, Normvorschriften und andere bindende Verfügungen fallen nicht unter den Schutz dieses Gesetzes.
DurchfVO:
Auf Grund der in § 56 Absatz (3) des über das Urheberrecht erlassenen Gesetzes Nr. III vom Jahre 1969 (URG) enthaltenen Ermächtigung ordne ich im Einvernehmen mit den interessierten Ministern und Leitern der für das ganze Land zuständigen Organe, weiters mit dem Landesgewerkschaftsrat folgendes an:
§ 1 (Zu § 1 URG)
(1) Die unter dem Schutz des URG stehenden Schöpfungen sind – unabhängig davon, ob sie vom URG genannt werden – alle Schöpfungen der Literatur, der Wissenschaft und der Kunst, so insbesondere:

- literarische (wissenschaftliche, belletristische, der Fachliteratur zugehörende, publizistische, usw.) Werke,
- öffentlich gehaltene Rede,
- Bühnenwerk, musikalisches Bühnenwerk, Tanzspiel oder Pantomimspiel,
- musikalisches Werk mit oder ohne Text,
- Hör- und Fernsehspiel,
- Filmwerke,
- durch Zeichnen, Malen, Bidlhauerei, Gravierung, Steindruck und andere Druckverfahren hergestellte Schöpfungen und deren Entwürfe,
- Entwürfe von Schöpfungen der Baukunst, von Gebäudegruppen bzw. Gruppenanlagen des Städtebaus,
- Entwürfe von technischen Anlagen,
- Schöpfungen der angewandten Kunst und deren Entwürfe,
- Entwürfe von Kostümen und Theaterdekorationen,
- Entwürfe von industriellen entwurfkünstlerischen Schöpfungen,
- Kunstphotographien.

(2) Der urheberrechtliche Schutz ist unabhängig vom Schutz, der auf Grund von besonderen Bestimmungen bezüglich einzelner, unter anderem Titel geschützter Schöpfungen (z. B. Neuerungen, Erfindungen, Schutzmarken, gewerblicher Muster usw.) unter anderem Titel besteht, und berührt die Wirkung der einschlägigen besonderen Bestimmungen nicht.

(3) Der urheberrechtliche Schutz erstreckt sich nicht auf Verfügungen und deren Entwürfe, die im Rahmen der aufgabenmäßigen Tätigkeit der Organe der Staatsmacht, der Staatsverwaltung, der wirtschaftenden und gesellschaftlichen Organe, weiters der Vereine und Genossenschaften im Laufe ihrer sachbearbeitenden Tätigkeit entstanden sind, in welcher Form auch immer sie festgehalten wurden.

§ 2

Auf Werke, welche zum ersten Mal im Ausland veröffentlicht wurden, erstreckt sich der Schutz des Gesetzes nur dann, wenn der Urheber ungarischer Staatsangehöriger ist oder dem Urheber der Schutz auf Grund internationaler Übereinkunft beziehungsweise der Gegenseitigkeit gebührt.

§ 3

In Fragen, die durch dieses Gesetz nicht geregelt werden, sind die Bestimmungen des Zivilgesetzbuches, in Fragen betreffend das Arbeitsverhältnis (§ 14) hingegen die Verfügungen des Gesetzbuches der Arbeit anzuwenden.

DurchfVO:

§ 2 (Zu § 3 URG)

Die urheberrechtlichen Streitfälle sind auch dann der Zuständigkeit des Gerichtes unterworfen, wenn sich der Streit im Zusammenhang mit einem in Arbeitsverhältnis geschaffenen Werk ergibt.

Das Urheberrecht

§ 4

(1) Das Urheberrecht steht demjenigen zu, der das Werk geschaffen hat (Urheber).

(2) Unter urheberrechtlichem Schutz steht auch – unbeschadet der dem Urheber des Originalwerks zustehenden Rechte – die Bearbeitung, Umarbeitung oder Übersetzung des Werks eines anderen Urhebers, wenn sie eigenpersönlichen, originellen Charakter aufweist.

DurchfVO:

§ 3 (Zu § 4 Absatz 2 URG)

(1) An einer Be- oder Umarbeitung bzw. Übersetzung muß der Name des Urhebers des als Grundlage dienenden Werks angegeben werden.

(2) Eine wörtlich gestaltete rohe Textübersetzung eines Werks genießt keinen urheberrechtlichen Schutz.

§ 5

(1) An einem gemeinsamen Werk mehrerer Urheber, wenn es in keine selbständigen Teile zerlegt werden kann, steht das Urheberrecht den Miturhebern zur gesamten Hand und – im Zweifel – zu gleichen Teilen zu, gegen Verletzung des Urheberrechts kann aber jeder Miturheber auch selbständig vorgehen.

(2) Können die Teile des gemeinsamen Werkes ohne dem Werk zu schaden voneinander getrennt werden, so steht den Urheberpartnern selbständiges Urheberrecht an den einzelnen Teilen zu.

(3) An einem Sammelwerk als Ganzem steht das Urheberrecht dem Herausgeber zu; dadurch werden aber die selbständigen Rechte der Urheber der in die Sammlung aufgenommenen Werke nicht berührt.

§ 6

(1) Wurde das Werk ohne Namen oder unter einem Decknamen veröffentlicht, so steht die Wahrnehmung der Urheberrechte bis zum Auftreten des Urhebers demjenigen zu, der das Werk zuerst veröffentlichte.
(2) In Wahrnehmung der Rechte unbekannter Autoren von nicht verlegten Werken können die zur Vertretung der Interessen der Urheber berufenen Organisationen vorgehen, wenn mit Grund angenommen werden kann, daß der unbekannte Urheber ungarischer Staatsangehöriger ist.
DurchfVO:
§ 4 (Zu § 6 URG)
(1) Der seine Unbekanntheit zu wahren wünschende Urheber kann bei dem Büro zur Wahrung der Urheberrechte schriftlich anmelden, unter welchem angeeigneten Namen er seine Werke veröffentlicht, bzw. welche seiner Werke er ohne Namen veröffentlicht hat. Das Büro zur Wahrung der Urheberrechte trägt die Anmeldungen in ein Register ein, dessen Angaben es nur auf Wunsch des Urhebers oder seines Erben, oder aber auf gerichtliches und anderweitiges behördliches Ersuchen bekanntgibt. Das ersuchende Gericht und andere Behörden sind verpflichtet, die vom Büro zur Wahrung der Urheberrechte erhaltenen Angaben geheim zu halten.
(2) Das Büro zur Wahrung der Urheberrechte ist berechtigt, die Rechte des unbekannten Urhebers eines durch Herausgabe nicht veröffentlichten Werks wahrzunehmen.

§ 7

Dem Urheber stehen bezüglich seines Werks der Person anhaftende Rechte und Vermögensrechte zu.

II. Abschnitt
Der Person anhaftende Rechte

§ 8

(1) Der Urheber entscheidet darüber, ob sein Werk veröffentlicht werden kann.
(2) Vor Veröffentlichung des Werks kann über dessen wesentlichen Inhalt der Öffentlichkeit nur mit Zustimmung des Urhebers berichtet werden.

DurchfVO:
§ 5 (Zu § 8 URG)
(1) Der Abschluß des Werknutzungsvertrages beinhaltet – mangels entgegengesetzten Vorbehaltes – die Zustimmung dazu, daß der Werknutzer die Öffentlichkeit über den Inhalt des Werks in Kenntnis setze.
(2) Hinsichtlich eines nach dem Tod des Urhebers aufgefundenen Werks gilt die Vermutung – wenn sich der Urheber oder sein Rechtsnachfolger nicht dagegen äußerte –, daß der Urheber sein Werk zur Veröffentlichung bestimmt hat.

§ 9

(1) Dem Urheber steht das Recht zu, an seinem Werk als Urheber genannt zu werden; wird ein Teil des Werks übernommen, das Werk zitiert oder besprochen, so muß der Urheber genannt werden. Der Urheber hat das Recht, sein Werk ohne Nennung seines Namens oder auch unter Decknamen zu veröffentlichen.
(2) Der Urheber kann beanspruchen, daß diese seine Eigenschaft von niemandem in Zweifel gestellt wird.
DurchfVO:
§ 6 (Zu § 9 URG)
(1) Mitteilungen betreffend das Werk (Plakat, Tageszeitung, Programm, Film, Radio, Fernsehen usw.), sind Rezensionen gleichgestellt; der Urheber des Werks muß – vom Umfang und Art der Mitteilung abhängig – auch in diesen angeführt werden.
(2) Der Urheber kann auch bei erneuter rechtmäßiger Nutzung des unter Nennung seines Namens veröffentlichten Werks verlangen, daß die weitere Nutzung des Werks ohne Angabe seines Namens erfolgt.

§ 10

Das der Person des Urhebers anhaftende Recht wird durch jede unbefugte Änderung oder Benutzung seines Werkes verletzt.
DurchfVO:
§ 7 (Zu § 10 URG)
(1) Unbefugt ist die Werknutzung insbesondere, wenn dazu weder eine Rechtsvorschrift noch die über das Nutzungsrecht verfügungsberechtigte Person ermächtigt, oder wenn der Werknutzer die Grenzen seiner Berechtigung überschreitend, das Werk in breiterem Kreise, in größerer Auflagenhöhe usw. nützt. Unbefugte Änderung ist auch eine solche, ohne die Zustimmung des Urhebers am Entwurf eines Bauwerks oder techni-

schen Anlage durchgeführte Änderung, die das äußere Erscheinen, den bestimmungsmäßigen Gebrauch oder das Funktionieren beeinflußt.
(2) Der Werknutzer ist gehalten, den Urheber oder seinen Rechtsnachfolger – auf dessen Wunsch – über die Art und den Umfang der Nutzung zu informieren.

§ 11

Der Urheber kann aus triftigem Grund seine zur Veröffentlichung des Werks erteilte Genehmigung widerrufen und die weitere Nutzung seines bereits veröffentlichten Werkes untersagen, er ist aber gehalten, den bis zum Zeitpunkt der Erklärung entstandenen Schaden zu ersetzen. Das Recht des Arbeitgebers zur Nutzung des Werks wird dadurch nicht berührt.
DurchfVO:
§ 8 (Zu § 11 URG)
Der Widerruf der Zustimmung bzw. die Untersagung der weiteren Nutzung eines veröffentlichten Werks kann nur schriftlich, durch eine den gewichtigen Grund bekanntgebende Erklärung erfolgen. Diese Regel bezieht sich auch auf die Untersagung der Nutzung ohne die Zustimmung des Urhebers auf Grund § 22 bis 23 URG.

§ 12

(1) Die der Person anhaftenden Rechte sind zeitlich unbeschränkt. Der Urheber kann diese Rechte auf andere nicht übertragen und kann auf sie nicht verzichten.
(2) Nach dem Tode des Urhebers können die in diesem Gesetz geregelten, der Person anhaftenden Rechte innerhalb der Schutzdauer (§ 15) von demjenigen wahrgenommen werden, den der Urheber mit der Betreuung seines literarischen, wissenschaftlichen oder künstlerischen Nachlasses beauftragt hat, mangels solcher Person hingegen, oder wenn der Beauftragte nicht verfügt, von demjenigen, der das Urheberrecht durch Vererbung erworben hat.
(3) Nach Ablauf der Schutzfrist können zum Schutz von den der Person des Urhebers anhaftenden Rechten die zur Vertretung der Interessen der Urheber berufenen Organe auftreten, wenn die Nutzung des Werks das Werk entstellt oder den guten Ruf des Urhebers beeinträchtigt.
DurchfVO:
§ 9 (Zu § 12 URG)
(1) Durch die Bestimmungen des URG über die der Person des Urhebers

anhaftenden Rechte wird die Anwendung der allgemeinen Bestimmungen des Zivilgesetzbuches über die der Person anhaftenden Rechte weder ausgeschlossen noch berührt.
(2) Nach Ablauf der Schutzfrist können zum Schutze von den der Person anhaftenden Rechten des verstorbenen Urhebers das Büro zur Wahrung der Urheberrechte, der Kunstfonds der Ungarischen Volksrepublik, als auch die interessierten Verbände und Gewerkschaften auftreten.

III. Abschnitt
Vermögensrechte

§ 13

(1) Werknutzungen wie immer bedürfen der Zustimmung des Urhebers, es sei denn, daß das Gesetz abweichend verfügt. Die Nutzung des eigenartigen Titels eines Werks bedarf gleichwohl der Zustimmung des Urhebers.
(2) Nach dem Tode des Urhebers steht das Recht der Zustimmung – während der Schutzdauer – dem Rechtsnachfolger des Urhebers zu.
(3) Für die Nutzung des Werks steht dem Urheber oder seinem Rechtsnachfolger eine Vergütung zu, es sei denn, daß das Gesetz anders verfügt. Auf die Vergütung kann der Berechtigte nur durch ausdrückliche Erklärung verzichten.
DurchfVO:
§ 10 (Zu § 13 URG)
(1) Unter Werknutzung im Sinne des URG ist jener Vorgang zu verstehen, durch welchen das Werk oder ein Teil dessen der Öffentlichkeit zugeführt wird. Dies bezieht sich auch auf Bearbeitungen, Aufarbeitungen und Übersetzungen.
(2) Urhebergebühren, die unbekanntem Urheber oder sich an unbekanntem Ort aufhaltendem Urheber (Erbe) zustehen, hat der Werknutzer im allgemeinen zum Büro zur Wahrung der Urheberrechte – im Falle von Werken der bildenden oder angewandten Künste und der Photokunst als auch von industriellen entwurfskünstlerischen Schöpfungen zum Kunstfonds der Ungarischen Volksrepublik – einzuzahlen. Die einbezahlten Beträge sind dem sich innerhalb der im Zivilgesetzbuch festgesetzten Verjährungsfrist meldenden Berechtigten auszuzahlen; die unbehobenen Gebühren sind zur Unterstützung der Kultur und zu Wohlstandszwecken der Urheber zu verwenden.

§ 14

(1) Erfolgt die Verfertigung des Werks in Erfüllung einer zum Arbeitskreis gehörenden Verpflichtung des Urhebers und ist der Arbeitgeber auf Grund des Inhalts des Arbeitsverhältnisses zur Nutzung des Werks berechtigt, so gilt die Übergabe des Werks als Zustimmung zur Veröffentlichung und das Recht zur Werknutzung übergeht auf den Arbeitgeber mit der Übergabe. Der Arbeitgeber erwirbt dieses Recht in dem vom Inhalt des Arbeitsverhältnisses bestimmten Kreis und kann es nur innerhalb des Bereichs seiner Tätigkeit ausüben. Der Urheber kann sein Werk auch außerhalb dieses Bereichs nur mit Zustimmung des Arbeitgebers nutzen, der Arbeitgeber darf aber seine Zustimmung nur aus triftigem Grund verweigern.

DurchfVO:

§ 11 (Zu § 14 Absatz 1 URG)

(1) Bei der Beurteilung der Frage, ob das Schaffen des Werks zu den aus seinem Arbeitskreis fließenden Verpflichtungen des Urhebers zählt, ist in Streitfällen aus dem Arbeitsvertrag bzw. aus der vom Urheber im Rahmen seines Arbeitskreises erhaltenen Anweisung auszugehen. Es ist Aufgabe des Arbeitgebers, den Arbeitskreis des im Arbeitsverhältnis stehenden Urhebers und den Umfang des dem Arbeitgeber zustehenden Nutzungsrechtes schriftlich – im Arbeitsvertrag oder sonstwie – festzuhalten.

(2) Die Zustimmung des Arbeitgebers zur Nutzung des Werks außerhalb seines Wirkungsbereichs wird aus triftigem Grund verweigert, wenn die Nutzung eines seiner rechtlich geschützten Interessen verletzen oder gefährden würde.

(3) Wenn das Werknutzungsrecht dem Arbeitgeber zusteht, so ist dieser im Falle der Erklärung des Urhebers über den Widerruf des Werks verpflichtet, die Anführung des Namens des Urhebers zu unterlassen. Die Anführung des Namens des Urhebers ist auf dessen Wunsch auch dann gleichwohl zu unterlassen, wenn der Arbeitgeber sein aus dem Arbeitsverhältnis fließendes Verfügungs- und Leitungsrecht gebrauchend am Werk ändert, ohne daß der Urheber mit der Änderung einverstanden wäre.

(4) Die Rechte, die der Arbeitgeber auf Grund des § 14 URG ausüben kann, werden durch das Aufhören des Arbeitsverhältnisses nicht berührt.

(2) Wird die längste Zeitdauer der Ausübung des Nutzungsrechtes durch Rechtsnorm bindend festgelegt, so steht nach deren Ablauf das Nutzungsrecht dem Urheber zu. Ebenso steht dieses Recht dem Urheber auch dann zu, wenn aus ihm der Arbeitgeber während einer durch Rechtsnorm bestimmten Zeitdauer keinen Gebrauch macht.

DurchfVO:
§ 12 (Zu § 14 URG)
(1) Wenn der Arbeitgeber im Laufe der Ausübung seines im § 14 URG gesicherten Nutzungsrechtes über das Werk mit einer dritten Person einen Nutzungsvertrag schließt, so steht dem Urheber – nach Ermessen des Arbeitgebers – 60 bis 80% der Urhebergebühr zu, was der Arbeitgeber binnen 8 Tagen vom Empfang der Urhebergebühr dem Urheber auszahlen muß. Gehört der Abschluß eines Nutzungsvertrages über das Werk mit einer dritten Person zum Aufgabenkreis des Arbeitgebers, so kann der Arbeitgeber die Gebühr des Urhebers des Werks – mit Rücksicht auf den Kostenaufwand im Zusammenhang mit der Schaffung des Werks – auch niedriger als 60% der Urhebergebühr festsetzen.
(2) Werden die Nutzungsrechte an dem auf Grund der zum Arbeitskreis gehörenden Verpflichtung geschaffenen Werk – sei es auf Grund der Zustimmung des Arbeitgebers oder in Folge des Erlöschens des Nutzungsrechts des Arbeitgebers – vom Urheber ausgeübt, so steht der volle Betrag der Urhebergebühr dem Urheber zu.

§ 15

(1) Die Vermögensrechte werden zu Lebzeiten des Urhebers und fünfzig Jahre lang nach seinem Tod geschützt.
(2) Die Frist von fünfzig Jahren ist vom ersten Tag des auf den Tod des Urhebers folgenden Jahres, im Falle von Miturhebern (§ 5 Abs. 1) vom ersten Tag des auf den Tod des zuletzt verstorbenen Miturhebers folgenden Jahres zu rechnen.
(3) Kann die Person des Urhebers nicht festgestellt werden, so beträgt die Schutzdauer fünfzig auf das Jahr der Erstveröffentlichung des Werks folgende Jahre. Meldet sich aber der Urheber während dieser Zeit, so ist die Schutzdauer gemäß Absatz 2 zu rechnen.
(4) Die Schutzdauer für Filme beträgt fünfzig Jahre vom ersten Tag des auf die erste Vorführung folgenden Jahres.

DurchfVO:
§ 13 (Zu § 15 Abs. 3 und 4 URG)
(1) Hinsichtlich eines in mehreren Teilen veröffentlichen Werks muß das Jahr der ersten Veröffentlichung je nach Teilen berechnet werden, es sei denn, daß der enge inhaltliche Zusammenhang des Werks die Berechnung vom Jahre der Veröffentlichung des letzten Teils begründet.
(2) Unter Vorführung des Films ist die erste öffentliche Vorführung zu verstehen, unabhängig davon, ob die Vorführung im Inland oder im Ausland stattfindet.

IV. Abschnitt
Die Schranken des Urheberrechts
Freie Nutzung

§ 16

Im Bereich der freien Nutzung (§§ 17 bis 21) erfolgt die Nutzung unentgeltlich und bedarf keiner Zustimmung des Urhebers.

§ 17

(1) Teile eines veröffentlichten Werks – in einem durch Eigenart und Zielsetzung des übernehmenden Werks gerechtfertigten Umfang und dem Original getreu – kann neben Angabe der Quelle als auch des angeführten Urhebers jedermann zitieren.
(2) Teile eines veröffentlichten Werks oder ein selbständiges Werk kleineren Umfangs können zum Zwecke des Schulunterrichts – Schulhörfunk und Schulfernsehen inbegriffen – als auch zum Zwecke der Verbreitung wissenschaftlicher Erkenntnisse neben Angabe der Quelle und des angeführten Urhebers übernommen werden.
DurchfVO:
§ 14 (Zu § 17 Absatz 2 URG)
(1) Zum Zwecke des Schulunterrichts dienen die für den auf Lehrpläne der unteren, mittleren und oberen Unterrichtsinstitutionen aufgebauten Unterricht als auch für den Unterricht von Facharbeiterlehrlingen, weiters für die organisierte fachliche und politische Weiterbildung der Arbeiter wie auch für den bei den bewaffneten Körperschaften veranstalteten fachlichen und politischen Unterricht verfertigten Lehrbücher, Gehilfsbücher, Notizausgaben oder für das Studium bestimmte (z. B. audiovisuelle) Hilfsmittel.
(2) Als Übernahme gilt die Nutzung eines veröffentlichten Werks in einem anderen Werk, wenn sie den Umfang der Zitierung (§ 17 Abs. 1 URG) überschreitet.
(3) Zum Schaffen eines neuen, selbständigen Werks kann ein fremdes Werk benutzt werden; dieses Recht erstreckt sich aber nicht auf Bearbeitung eines fremden Werks zu Bühnen-, Hörfunk- oder Fernsehfunkzwekken wie auch nicht auf Bearbeitungen in derselben Werkgattung.

§ 18

(1) Kopie eines veröffentlichten Werks kann von einem jeden hergestellt werden, wenn dies weder Zwecken des öffentlichen Vertriebs noch der

Gewinnerzielung dient und die berechtigten Interessen des Urhebers auch sonstwie nicht verletzt. Diese Regel erstreckt sich nicht auf Werke der Baukunst und auf technische Anlagen.
(2) Zum Bereich der freien Nutzung gehört auch das Ausleihen einzelner Exemplare des Werks.

§ 19

(1) Tatsachen- und Nachrichtenmaterial beinhaltende Meldungen können – neben Quellenangabe – frei übernommen werden. Der Inhalt öffentlicher Verhandlungen und Reden kann frei benützt werden, eine Sammelausgabe von Reden bedarf jedoch der Zustimmung des Urhebers.
(2) Tageszeitung, Zeitschrift, der Hörfunk und der Fernsehfunk können aktuelle Artikel wirtschaftlichen oder politischen Inhalts unter Vermerk der Quelle und des angegebenen Urhebers frei übernehmen, wenn die Übernahme bei der Originalveröffentlichung des Artikels nicht ausgeschlossen wurde.
(3) Der Fernsehfunk kann Werke der bildenden Künste, der Baukunst oder der angewandten Künste, wie auch Photographien gelegentlich oder als Dekoration frei benützen. Bei solcher Benutzung besteht auch keine Verpflichtung zur Angabe des Namens des Urhebers.
DurchfVO:
§ 15 (Zu § 19 Absatz 3 URG)
Das Recht des Fernsehens auf freie Nutzung erstreckt sich nicht auf Werke, die als Szenendekoration oder als Schauspielerkostüme geschaffen wurden.

§ 20

(1) Im Rahmen einer Filmberichterstattung, weiters in den aktuellen Programmen des Hör- und Fernsehfunks können einzelne Werke im Zusammenhang mit den Tagesereignissen in einem durch den Anlaß gerechtfertigten Ausmaß wiedergegeben werden. In solchem Fall besteht auch keine Verpflichtung zur Angabe des Namens des Urhebers.
(2) Öffentlich ausgestellte Werke der bildenden Künste, der Baukunst, der angewandten Künste und der Photographie können sowohl in Tageszeitungen und Zeitschriften als auch in Filmberichterstattungen, weiters in anderen aktuellen Programmen des Fernsehfunks wiedergegeben werden.

DurchfVO:

§ 16 (Zu § 20 URG)

Aktuelles Programm ist die Übertragung, welche über ein bestimmtes, sich an einen gegebenen Zeitpunkt knüpfendes Ereignis informiert oder berichtet und nur in diesem Rahmen, zusätzlich kleinere Teile einzelner Werke benützt.

§ 21

(1) Ein bereits veröffentlichtes Werk kann auf Schulfeierlichkeiten und zu sonstigen Schulzwecken vorgetragen bzw. aufgeführt werden.

DurchfVO:

§ 17 (Zu § 21 Absatz 1 URG)

Als Schulfeierlichkeit gelten Vorstellungen mit Programm, die aus einem gewissen Anlaß in dem in § 14 Absatz 1 bestimmten Unterrichtsrahmen unter Mitwirkung der am Unterricht beteiligten veranstaltet werden. Schulzwecken dienend gilt die von einer zum Unterrichtssystem gehörenden Institution gegen Eintrittsgeld veranstaltete Vorstellung mit Programm auch dann, wenn die Einnahmen der Vorstellung zur Förderung von Zwecken des Unterrichts oder der Erziehung dienen. Diese Bestimmung bezieht sich nicht auf Tanzveranstaltungen in Schulen.

(2) Bei gelegentlich im geschlossenen Kreis veranstalteten Zusammenkünften, weiters anläßlich Massenveranstaltungen (festlicher Aufmarsch usw.) kann das bereits veröffentlichte Werk wiedergegeben werden, wenn damit dem Zweck von Gewinnerzielung oder Gewinnsteigerung selbst mittelbar nicht gedient wird und auch die Mitwirkenden kein Honorar erhalten.

(3) Das Werk kann zum Privatgebrauch vorgetragen bzw. aufgeführt werden, wenn dadurch dem Zweck einer Gewinnerzielung oder Gewinnsteigerung selbst mittelbar nicht gedient wird.

DurchfVO:

§ 18 (Zu § 21 Absatz 2 und 3 URG)

(1) Dem Zweck der Gewinnsteigerung dient die Werknutzung, wenn sie geeignet ist, den Kundenkreis oder die Besuchtheit des werknutzenden Betriebs (Geschäft, Unterhaltungslokal) zu vergrößern, oder wenn sie zur Unterhaltung der den Geschäftsraum besuchenden Gäste dient. Als Gewinnerzielung gilt das Kassieren von Eintrittsgeldern, auch dann, wenn es anderswie genannt wird (Einladungserlös, Programmerlös, die übliche Höhe überschreitende Garderobegebühr, usw.). Als Honorar gilt auch die Vergütung, die über die im Zusammenhang mit dem Auftritt tatsächlich aufgetauchten und begründeten Kosten hinausgeht.

(2) Die von staatlichen Organen, Unternehmungen und Genossenschaften oder von gesellschaftlichen Organisationen für ihre eigenen Arbeitnehmer veranstaltete Zusammenkunft ist auch als in geschlossenem Kreise abgehalten anzusehen.
(3) Das Abspielen von Werken mittels Hörfunkgerät, Schallplatte oder Tonband, aus arbeitspsychologischen Gründen bzw. im Interesse des Arbeitserfolges – gleichzeitig mit der produzierenden Arbeit- ist auch als Aufführung zum Privatgebrauch zu betrachten.

Nutzung ohne Zustimmung des Urhebers, gegen Vergütung

§ 22

(1) Der Hörfunk und der Fernsehfunk sind berechtigt, ohne besondere Zustimmung des Urhebers, jedoch gegen Zahlung einer entsprechenden Vergütung:
a) ein bereits veröffentlichtes Werk unverändert zu senden;
b) eine öffentliche Aufführung zu übertragen sowie von einem öffentlichen Ort Übertragung zu veranstalten; Zeitpunkt der Übertragung ist im Einvernehmen mit dem Theater bzw. der veranstaltenden Organisation festzusetzen. Dieses Recht steht dem Hörfunk und dem Fernsehfunk nicht zu, insofern die Übertragung im Nutzungsvertrag ausgeschlossen oder eingeschränkt wurde.
(2) Wenn der Urheber an seinem schon veröffentlichten Werk ändert und dies – nebst Zusendung der neuen Fassung – dem Hörfunk und dem Fernsehfunk zur Kenntnis gibt, so sind der Hörfunk und der Fernsehfunk ohne Zustimmung des Urhebers, gegen Vergütung nur zur Nutzung der neuen Fassung berechtigt.

§ 23

(1) Der Hörfunk und der Fernsehfunk sind berechtigt von allen solchen Werken, deren Senderecht ihnen auf Grund des § 22 Absatz 1 zusteht, Ton- bzw. Bildaufzeichnungen herzustellen. Der Hörfunk und der Fernsehfunk können die Aufzeichnung gegen Vergütung auch wiederholt verwenden.
(2) Das Programm des Hörfunks und des Fernsehfunks darf – sei es zum Teil oder zur Gänze – nur mit ihrer Zustimmung von anderen Hör- und Fernsehfunkanstalten übernommen, sowie zum Zwecke der Invertriebnahme oder öffentlichen Vorführung aufgezeichnet werden.

DurchfVO:

§ 19 (Zu §§ 22 und 23 URG)

(1) Der Hörfunk und der Fernsehfunk sind im Falle der rechtsmäßigen Nutzung eines Urheberwerks ohne Zustimmung des Urhebers, jedoch gegen Entgelt verpflichtet, den Urheber spätestens binnen 15 Tage von der Werknutzung gerechnet - unter Mitteilung der Gebühr - schriftlich zu verständigen. Wenn die Gebühr im Wege des Büros zur Wahrung der Urheberrechte zu bezahlen ist, so muß auch die Verständigung dem Büro zur Wahrung der Urheberrechte zugestellt werden.

(2) Die Bestimmungen betreffend die Übertragung von öffentlichen Aufführungen der Theater sind auf die Sendung von ungarischen Filmen, die zur Vorführung in Filmtheatern produziert worden sind, ebenfalls anzuwenden.

(3) Die Zustimmung des Hörfunks und Fernsehfunks zur Übernahme, Festhaltung oder zum Vertrieb ihrer Programme berührt die dem Urheber im URG gesicherten Rechte nicht.

Genehmigung der Werknutzung aus gesellschaftlichem Interesse

§ 24

(1) Wenn der Rechtsnachfolger des Urhebers seine Zustimmung zur weiteren Nutzung des bereits veröffentlichten Werks ohne zureichenden Grund verweigert, so kann die Zustimmung aus gesellschaftlichem Interesse - insofern es nicht gegen internationale Übereinkunft verstößt - durch Urteil des Gerichts ersetzt werden.

(2) Die Werknutzung erfolgt gegen Vergütung.

V. Abschnitt
Die Nutzungsverträge
Allgemeine Regeln der Nutzungsverträge

§ 25

Der Urheber oder sein Rechtsnachfolger kann den Vertrag über die Nutzung seines Werks in den von Rechtsvorschriften bestimmten Fällen nur mit der dazu berufenen Organisation bzw. über diese Organisation abschließen.

DurchfVO:

§ 20 (Zu § 25 URG)

(1) Ungarischer Urheber oder ungarischer Werknutzer kann den Nutzungsvertrag mit einem Ausländer unter Berücksichtigung der devisenbehördlichen Verfügungen – mit der im Absatz 2 enthaltenen Ausnahme – über das Büro zur Wahrung der Urheberrechte abschließen.

(2) Die in Absatz 1 erwähnten Verträge können

– hinsichtlich Schöpfungen der bildenden, angewandten und Photokünste als auch der industriellen Entwurfskunst – ausgenommen Illustrationen, die im Zusammenhang mit einem unter Mitwirkung des Büros zur Wahrung der Urheberrechte betreffend andere Werke abgeschlossenen Verlagsvertrag genutzt werden sollen – über den Kunstfonds der Ungarischen Volksrepublik,

– hinsichtlich aktueller Artikel wie auch Photos über Wirtschaft und Politik, die in periodischen Presseerzeugnissen erscheinen, über das Informationsbüro der Regierung,

– hinsichtlich Nutzung von Filmen über das Unternehmen Hungarofilm,

– hinsichtlich Werke der Baukunst wieder über die Projektierungsbüros abgeschlossen werden.

(3) Von den Bestimmungen laut Absatz 1 und 2 kann der Minister für Bildungswesen im Einvernehmen mit dem Präsidenten der Ungarischen Nationalbank befreien.

§ 26

(1) Die Bedingungen des Nutzungsvertrages werden – im Rahmen der vom Gesetz festgelegten Schranken – von den Vertragspartnern bestimmt.

(2) Von Bestimmungen des Gesetzes, die zum Schutze des Urhebers dienen, kann zu Lasten des Urhebers nicht abgewichen werden; Abweichung von der Regel einer auf Grund des Gesetzes erlassenen Rechtsnorm, welche die Abweichung verbietet, ist gleichwohl untersagt. Eine gegen diese Verfügungen verstoßende vertragliche Abmachung ist nichtig und wird durch die entsprechende Verfügung der Rechtsnorm ersetzt.

§ 27

Der Nutzungsvertrag ist – soweit durch Rechtsnorm nicht abweichendes bestimmt wird – schriftlich abzuschließen.

DurchfVO:

§ 21 (Zu § 27 URG)

Im Falle von Verträgen über Erscheinen in Tageszeitungen, Zeitschriften muß der Vertrag nicht schriftlich abgeschlossen werden.

§ 28

(1) Der Nutzer erwirbt – soweit durch Rechtsvorschrift nicht abweichendes bestimmt wird – ausschließliches Nutzungsrecht nur in Fällen, wo dies im Vertrag ausdrücklich vereinbart wurde.
(2) Der Nutzer kann – soweit durch Rechtsvorschrift nicht abweichendes bestimmt wird – seine Rechte nur mit Zustimmung des Urhebers übertragen.
DurchfVO:
§ 22 (Zu § 28 Absatz 2 URG)
Bei Rechtsnachfolge auf Grund einer Rechtsvorschrift oder behördlichen Verfügung übergehen die Rechte des Nutzers auf den Rechtsnachfolger.
(3) Die Übertragung des Eigentumsrechts am Werkstück bedeutet keine Übertragung der Urheberrechte und das auf Grund des Nutzungsvertrags übergebene Exemplar bleibt mangels abweichender vertraglicher Vereinbarung Eigentum des Urhebers.

§ 29

(1) Über die Annahme des auf Grund eines über ein zukünftig zu schaffendes Werk abgeschlossenen Vertrags übergebenen Werks muß sich der Werknutzungsberechtigte innerhalb der durch Rechtsvorschrift bestimmten Frist äußern.
DurchfVO:
§ 23 (Zu § 29 Absatz 1 URG)
(1) Die zur Annahme des Werks offenstehende Frist beträgt – wenn Rechtsvorschrift hinsichtlich einzelner Zweige nicht abweichend verfügt – zwei Monate, zu rechnen von der Übergabe des Werks. Äußert sich der Nutzer innerhalb der zur Annahme offenstehenden Frist nicht, so ist das Werk als angenommen anzusehen.
(2) Hat der Nutzer das Werk zwecks Ausbesserung zurückgereicht, so zählt die Frist von der Übergabe des ausgebesserten Werks.
(3) Bezieht sich der Vertrag auf ein zukünftig zu schaffendes Werk, so ist der Nutzer berechtigt, das fertige Werk im begründeten Fall – unter Setzung einer angemessenen Frist – dem Urheber zur Ausbesserung auch wiederholt zurückzureichen.
(4) Verweigert der Urheber die Ausbesserung ohne zureichenden Grund oder führt sie nicht fristgerecht durch, so kann der Nutzer vom Vertrag zurücktreten, ohne zur Entgeltzahlung verpflichtet zu sein.
(5) Soll das Werk auch nach Ausbesserung nicht zur Verwendung geeignet sein, so steht dem Urheber nur ermäßigtes Honorar zu.

§ 30

Hat der Urheber zur Nutzung des Werkes seine Einwilligung gegeben, so ist er gehalten, Änderungen daran vorzunehmen, die zur Nutzung unerläßlich oder offenbar erforderlich sind und das Wesen des Werks nicht beeinträchtigen; soll er dieser seiner Verpflichtung nicht nachkommen oder kann er es nicht tun, so steht es dem Nutzer frei, die Änderungen auch ohne seine Zustimmung durchzuführen.

Verlagsvertrag

§ 31

(1) Auf Grund eines Verlagsvertrags ist der Urheber verpflichtet, das Werk dem Verleger zur Verfügung zu stellen; der Verleger wieder ist berechtigt, es zu verlegen als auch zu vertreiben und ist verpflichtet dem Urheber Vergütung zu zahlen.
(2) Das Verlagsrecht bezieht sich – im Zweifelsfall – auf die Herausgabe des Werks in ungarischer Sprache. Das Verlagsrecht, welches auf Grund des Vertrags ausgeübt werden kann, ist mit Ausnahme von Sammlungen wie auch Werken, die für Tageszeitungen und Zeitschriften geschafft worden sind, ausschließlich.
DurchfVO:
§ 24 (Zu § 31 Absatz 2 URG)
Auf Grund behördlicher Verfügung übergehen die Rechte des Verlegers – während der Dauer des Vertrages – ohne Zustimmung des Urhebers auf einen anderen Verleger, wenn dies durch die Änderung des Aufgabenkreises des Verlegers (des Tätigkeitsbereichs des Unternehmens) begründet ist. Von dem Übergang muß der Urheber verständigt werden.

§ 32

Der Verlagsvertrag kann nur auf bestimmte Zeit oder auf bestimmte Auflagenhöhe lauten. Durch Rechtsvorschrift kann der Vertragsschluß auch auf unbestimmte Zeit zugelassen, weiters die längste Vertragsdauer festgelegt werden.
DurchfVO:
§ 25 (Zu § 32 URG)
Mit Ausländern kann der ungarische Urheber oder der ungarische Nutzer gemäß den Bestimmungen des § 20 DurchfVO auch auf unbestimmte Dauer Verlagsvertrag schließen.

§ 33

Wenn der Verleger das auf Grund des Vertrages gelieferte Werk nicht innerhalb der durch Rechtsvorschrift bzw. im Vertrag festgelegten, mangels solcher einer angemessenen Frist verlegt, so kann der Urheber vom Vertrag zurücktreten und die Bezahlung seiner Vergütung verlangen.

Sendevertrag

§ 34

(1) Auf Grund eines Sendevertrages ist der Urheber verpflichtet, das Werk dem Hör- und Fernsehfunk zur Verfügung zu stellen, der Hör- und Fernsehfunk erwirbt auf die im Vertrag bestimmte Dauer das Recht zur Sendung des Werks, weiters das Recht, vom Werk eine Bild- bzw. Tonaufzeichnung anzufertigen, und ist verpflichtet, dem Urheber für die Nutzung eine Vergütung zu zahlen.
(2) Kommt es innerhalb der im Vertrag festgelegten – mangels solcher einer angemessenen – Frist nicht zur Verwendung des zum Sendezweck geschaffenen Werks, so kann der Urheber vom Vertrag zurücktreten und die Bezahlung seiner Vergütung verlangen.

Zweiter Teil
Bestimmungen betreffend einzelne Werkgattungen

VI. Abschnitt
Literatur

§ 35

(1) Hinsichtlich Sammelwerke, die in Zusammenstellung von wissenschaftlichen Instituten und staatlichen Organen erscheinen, werden die Urheberrechte vom betreffenden Institut (Organ) wahrgenommen; die selbständigen Rechte der Urheber der in die Sammlung aufgenommenen Werke werden dadurch nicht berührt.
(2) Die Dauer des urheberrechtlichen Schutzes dieser Werke beträgt 50 Kalenderjahre auf das Jahr der ersten Ausgabe folgend.

§ 36

Zum öffentlichen Vortrag eines bereits erschienenen Werks der Literatur muß die Zustimmung des Urhebers als erteilt zu betrachten sein, wenn die von dem zur Wahrung der Urheberrechte berufenen Organ mit Billigung des Ministers für Bildungswesen festgelegte Vergütung entrichtet wurde; diese Regelung erstreckt sich nicht auf Aufführung des für die Bühne bestimmten Werke der Literatur.

DurchfVO:

§ 26 (Zu § 36 URG)

Hinsichtlich Anwendung der im § 36 enthaltenen Verfügungen muß als erschienenes Werk das rechtmäßig verlegte Werk angesehen werden, und das Büro zur Wahrung der Urheberrechte ist berechtigt, die für seine öffentliche Aufführung zu entrichtende Gebühr zugunsten der Urheber im eigenen Namen einzutreiben.

§ 37

Die Verwendung von Bildern bei Herausgabe eines Werks der Literatur bedarf der Zustimmung seines Urhebers.

DurchfVO:

§ 27 (Zu § 37 URG)

Hat der Urheber zugestimmt, sein Werk nebst Verwendung von Bildern (mit Illustrationen) zu verlegen, so kann er seine Einwilligung zur Nutzung (zum Erscheinenlassen) einzelner Bilder nur aus triftigem Grund verweigern.

VII. Abschnitt
Bühnenwerke

§ 38

Das Bühnenwerk kann – falls dies nicht gegen internationale Übereinkunft verstößt – auf Grund des verlegten Textes oder berechtigt genutzten Manuskripts von Laienkünstlergruppen ohne besondere Zustimmung des Urhebers, gegen Vergütung, und wenn die Aufführung dem Zweck der Gewinnerzielung oder Gewinnsteigerung auch mittelbar nicht dient und auch die mitwirkenden nicht honoriert werden, ohne Vergütung aufgeführt werden.

DurchfVO:
§ 28 (Zu § 38 URG)
Berechtigt wird das Manuskript genutzt, wenn es von dem Urheber dem Büro zur Wahrung der Urheberrechte oder einem anderen vom Minister für Bildungswesen hierzu berufenen Organ deswegen übergeben wurde, daß auch Laienkünstlergruppen das Bühnenwerk aufführen können, und wenn das Manuskript der Künstlergruppe von dem genannten Organ zur Verfügung gestellt wird.

Bühnenaufführungsvertrag

§ 39

(1) Auf Grund des zur öffentlichen Aufführung eines Bühnenwerks abgeschlossenen Vertrages ist der Urheber verpflichtet das Werk dem Theater zur Verfügung zu stellen; das Theater erwirbt das Recht das Werk unter den im Vertrag bestimmten Bedingungen öffentlich aufzuführen, und ist verpflichtet, dem Urheber Vergütung zu zahlen.
(2) Wird das Werk vom Theater binnen der im Vertrag festgelegten – und mangels solcher einer angemessenen – Frist nicht aufgeführt, so kann der Urheber vom Vertrag zurücktreten und die Bezahlung der durch Rechtsvorschrift festgelegten Vergütung verlangen.

VIII. Abschnitt
Werke der Musik

§ 40

(1) Die Zustimmung des Urhebers zur öffentlichen Aufführung eines bereits veröffentlichten Musikwerks muß als erteilt betrachtet werden, wenn die von dem zur Wahrung der Urheberrechte berufenen Organ mit Billigung des Ministers für Bildungswesen festgelegte Vergütung entrichtet wurde.
DurchfVO:
§ 29 (Zu § 40 Absatz 1 URG)
Das Büro zur Wahrung der Urheberrechte ist befugt die im § 40 Absatz 1 erwähnte Gebühr zugunsten der Urheber im eigenen Namen einzutreiben.
(2) Bei öffentlicher Aufführung von Musikwerken gebührt dem Textautor nur in solchen Fällen Vergütung, wo das Musikwerk geschützt ist.

(3) Die Wirkung der in den Absätzen 1 und 2 enthaltenen Verfügungen erstreckt sich weder auf die bühnenmäßige Aufführung von Musikwerken noch auf ungekürzte Aufführung eines für die Bühne gedachten Musikwerkes.

IX. Abschnitt
Filme

§ 41

(1) Urheber des Films sind die Urheber der für den Film geschaffenen literarischen und musikalischen Werke, der Regisseur und alle jene, die zur Gestaltung des Films als ganzes ebenfalls in schöpferischer Weise beigetragen haben. Diese Bestimmung berührt die in diesem Gesetz gesicherten Rechte der Urheber der im Film genutzten sonstigen Werke nicht.
(2) Am Film ist der Name der im Absatz 1 erwähnten Urheber aufscheinen zu lassen. Der Urheber des Films kann es auf Grund des seiner Person anhaftenden Rechts verlangen, daß die Nennung seines Namens unterlassen wird.
(3) Die auf den Film bezüglichen urheberrechtlichen Vermögensrechte erwirbt auf Grund der mit den Urhebern abgeschlossenen Verträge als Rechtsnachfolger die Filmfabrik, die diese gegenüber dritten Personen wahrnimmt. Die Filmfabrik kann auch zur Wahrung der der Person der Urheber anhaftenden Rechte auftreten.

Verfilmungsvertrag

§ 42

(1) Auf Grund des Verfilmungsvertrages ist der Urheber verpflichtet das Werk der Filmfabrik zur Verfügung zu stellen, die Filmfabrik erwirbt das Recht zur einmaligen Verfilmung des Werks, weiters zum gebietlich unbeschränkten Vertrieb und öffentliche Vorführung des Films, erwirbt weiters das Recht den Film mit fremdsprachigen Inschriften oder mit anderssprachigem (synchronisiertem) Ton zu versehen, und ist verpflichtet für die Nutzung dem Urheber Vergütung zahlen.
(2) Beginnt die Filmfabrik die Verfilmung nicht binnen vier Jahre, gerechnet von der Annahme des Werks, oder beginnt sie zwar damit, vollendet

sie jedoch nicht innerhalb einer angemessenen Frist, so kann der Urheber von dem Vertrag zurücktreten und kann die Bezahlung der für das zum Zweck der Filmerstellung geschaffene Werk durch Rechtsvorschrift bestimmten Vergütung fordern.
(3) Der Urheber kann innerhalb von zehn Jahren, gerechnet von der Vollendung der Herstellung über dasselbe Werk nur mit Zustimmung der Filmfabrik einen weiteren Verfilmungsvertrag schließen.
DurchfVO:
§ 30 (Zu § 42 Absatz 1 und 3 URG)
(1) Die im § 42 Absatz 1 URG bestimmten Rechte stehen der Filmfabrik hinsichtlich des fertiggestellten Films – mangels entgegengesetzter vertraglicher Abmachung – ausschließlich zu.
(2) Die Herstellung des Films muß mit dem Tage der Erteilung der den Vertrieb genehmigenden Urkunde – wenn aber solche nicht erteilt wird, mit der Übernahme der standard Kopie seitens des Nutzers – als vollendet angesehen werden.

§ 43

Die Bestimmungen dieses Abschnittes sind auf alle solche Organisationen anzuwenden, die sich auf Grund von Verfilmungsverträgen mit Herstellung von Filmen befassen.
DurchfVO:
§ 31 (Zu § 43 URG)
Die Fernsehspiele, die Zeichentrick- und Dokumentenfilme werden wie Filme angesehen, ohne Rücksicht auf die Art ihrer Aufzeichnung.

X. Abschnitt
Schöpfungen der bildenden Künste, der Baukunst, der Technik und des Kunstgewerbes, Kunstphotographien

§ 44

(1) Das Urheberrecht bezüglich einer Schöpfung der Baukunst und der Schaffung sonstiger technischer Anlagen steht dem Plangestalter zu.
DurchfVO:
§ 32 (Zu § 44 Absatz 1 URG)
(1) Die Pläne von architektonischen oder technischen Anlagen – architektonische Typenpläne inbegriffen – werden vom URG als Urheberschöpfungen geschützt, wenn sie von künstlerischem oder wissenschaftlichem

Standpunkt aus als Schöpfung anzusehen sind, die übrigen Pläne können gemäß § 51 URG geschützt werden.

(2) Als technische Schöpfungen wird der Plan einer solchen technischen Anlage urheberrechtlich geschützt, die eine selbständige, originelle, nicht zum Begriffskreis Gebäude gehörende technische Schöpfung (z. B. Straßenbrücke, Wasserkraftwerk, usw.) darstellt, oder eine originelle, einheitliche Lösung der ganzen Maschineneinrichtung eines Industriebetriebes (Betriebteils) bildet. Ansonsten erstrecken sich die Bestimmungen des Gesetzes betreffend Schöpfungen der Baukunst auch auf technische Anlagen.

(3) Es bedarf der Zustimmung des Arbeitgebers, daß der in Erfüllung einer zum Arbeitskreis zählenden Verpflichtung geschaffene Plan durch andere in irgendeiner zum Tätigkeitsgebiet des Arbeitgebers gehörenden Weise (z. B. Ausführung, Nachbau, Vervielfältigung) genutzt wird (§ 14 Absatz 1); zur Änderung des Planes kann der Arbeitgeber seine Zustimmung nur nach Rücksprache mit dem Urheber erteilen.

(2) Der Urheber des Planes hat Recht darauf, daß sein Name am Gebäude (an der Anlage) vermerkt wird.

DurchfVO:

§ 33 (Zu § 44 Absatz 2 URG)

(1) Der Plangestalter hat das Recht zu bestimmen, wo und wie am Gebäude (an der Anlage) sein Name, weiters die Zeit (das Jahr) des Planens aufscheinen soll. Dieses sein Recht kann aber die billigen Interessen des Inhabers (Inbetriebnehmer, Verwalter) nicht verletzen.

(2) Hinsichtlich des in Erfüllung einer zum Arbeitskreis gehörenden Verpflichtung gestalteten Planes bestimmt der Arbeitgeber den Kreis jener Personen, deren Name am Plan bzw. am Bau anzuführen ist. Im Streitfall entscheidet das Gericht.

(3) An dem in Erfüllung einer zum Arbeitskreis gehörenden Verpflichtung geschaffenen Plan wie auch an dem auf Grund dessen errichteten Gebäude (an der Anlage) muß – auf seinen Wunsch – auch der Name des Arbeitgebers angebracht werden.

(4) Sollte der Urheber die Nennung seines Namens nicht mehr beanspruchen, so ist die seinen Namen beinhaltende Inschrift auf seinen Wunsch binnen 60 Tage zu entfernen. Dies berührt aber die Nennung des Namens des Arbeitgebers nicht.

(3) Der Benutzer des Werks ist verpflichtet zu dulden, daß es gezeigt wird und davon Aufnahmen gemacht werden, wenn dies nicht gegen billige Interessen des Benutzers verstößt.

§ 45

(1) Das Ansichtsbild der im Freien, an öffentlichen Orten bleibend errichteten Werke der bildenden Künste, der Baukunst und des Kunstgewerbes kann ohne Zustimmung des Urhebers und ohne Vergütung verfertigt und verwendet werden.
(2) Zum Zwecke wissenschaftlicher oder Kenntnisse verbreitender Vorträge als auch zu Unterrichtszwecken können Abbildungen von Werken der bildenden Künste, der Baukunst und des Kunstgewerbes, wie auch Kunstphotographien ohne Zustimmung des Urhebers und ohne Vergütung benutzt werden.

DurchfVO:

§ 34 (Zu § 45 URG)

(1) An der Ansichtskarte muß der Name des Urhebers dann genannt werden, wenn an ihr eine bestimmte Schöpfung der bildenden Kunst, der Baukunst, der Technik oder des Kunstgewerbes gezeigt wird. Bei der Nutzung solcher Schöpfungen zu Zwecken wissenschaftlicher oder Kenntnisse verbreitender Vorträge bzw. des Unterrichts muß der Urheber ebenfalls angegeben werden.
(2) Bei erneuter Nutzung von Plänen architektonischer oder technischer Schöpfungen bzw. bei wiederholter Nutzung von Typenplänen muß nur der Urheber des Originalplanes angegeben werden.

§ 46

(1) Der Inhaber des Werks der bildenden Künste oder des Kunstgewerbes ist verpflichtet, das Werk zur Ausübung des Urheberrechts vorübergehend dem Urheber zur Verfügung zu stellen, wenn dies nicht seine billigen Interessen verletzt.
(2) Die Ausstellung von Werken der bildenden Künste, der Baukunst und des Kunstgewerbes als auch von Kunstphotographien – mit Ausnahme der in öffentlichen Sammlungen aufbewahrten weiters der im gesellschaftlichen Eigentum befindlichen Werke – bedarf der Zustimmung des Urhebers, dem Urheber steht aber wegen der Ausstellung keine Vergütung zu.

DurchfVO:

§ 35 (Zu § 46 Absatz 2 URG)

(1) Die Ausstellung des Planes einer architektonischen oder technischen Schöpfung bzw. eines Teils des Planes bedarf ebenfalls der Zustimmung des Urhebers.
(2) Schöpfungen hortende öffentliche Sammlungen sind die Museen, die

musealen öffentlichen Sammlungen, die Bibliotheken und die Archive.
(3) Bei Ausstellung des Werks muß der Name des Urhebers angegeben werden.

§ 47

Hinsichtlich des entwurfskünstlerischen Schaffens für die industrielle Produktion
a) kann das Recht auf Namensnennung durch Rechtsvorschrift oder Vertrag auch von den Bestimmungen des Gesetzes abweichend geregelt werden;
b) steht dem Nutzer in dem vertraglich festgelegten Rahmen das ausschließliche Nutzungsrecht und das Recht zur Änderung zu, er ist aber gehalten, vor der Änderung den entwertenden Künstler anzuhören;
c) muß im Vertrag darüber verfügt werden, ob der Nutzer das Werk zeitlich befristet oder ohne solche Einschränkung benutzt.

§ 48

Hinsichtlich eines auf Bestellung verfertigten Bildnisses bedarf zur Ausübung des Urheberrechts auch die Einwilligung der abgebildeten Person.

Dritter Teil

XI. Abschnitt
Schutz der ausübenden Künstler

§ 49

(1) Es bedarf der Zustimmung des ausübenden Künstlers – im Falle von Künstlergruppen des Leiters und der wichtigeren Mitwirkenden (Solisten) –, um die Darbietung
a) zum Zweck des Vertriebes oder öffentlicher Vorführung aufzeichnen, oder
b) ohne Aufzeichnung für Abwesende übertragen zu können.
(2) Der Zustimmung bedarf es nicht in Fällen, wo das Gesetz auch zur Nutzung des unter urheberrechtlichem Schutz stehenden Werks die Zustimmung des Urhebers nicht verlangt.
(3) Sind die Mitwirkenden ausübende Künstler von Beruf, so haben sie mangels abweichender Vereinbarung für die zum Zweck des Vertriebs

oder der öffentlichen Vorführung verfertigte Aufzeichnung bzw. für die Übertragung Anspruch auf Vergütung, ausgenommen jedoch die Fälle der freien Werknutzung.

§ 50

Im Falle der Aufzeichnung zum Zweck von Invertriebnahme oder öffentliche Vorführung, wie auch der Übertragung steht dem ausübenden Künstler (dem Leiter der Gruppe und den wichtigeren Mitwirkenden) das sich auf die Nennung des Namens und auf den Schutz gegen Entstellung erstreckende, der Person anhaftende Recht zu.

XII. Abschnitt
Schutz von Photographien, Abbildungen und sonstigen Anschauungsmitteln

§ 51

(1) Photographien, weiters jene Abbildungen, technische Zeichnungen, Landkarten, veranschaulichenden Bilder oder Mittel und Filme, die als Werke der Wissenschaft oder Kunst nicht unter urheberrechtlichen Schutz fallen, genießen Schutz, wenn auf ihnen der Name des Verfertigers und das Jahr des Erscheinens oder der Veröffentlichung vermerkt ist.
(2) Die Schutzdauer beträgt fünfzehn Jahre, auf das Jahr des Erscheinens oder der Veröffentlichung folgend.
(3) Die unter Schutz stehenden Photographien, Abbildungen, technischen Zeichnungen, Landkarten, veranschaulichenden Bilder oder Mittel und Filme dürfen nur mit Zustimmung ihres Verfertigers und seinen Namen nennend benutzt werden. Der Zustimmung bzw. der Namensnennung bedarf es nicht in Fällen, wo dies vom Gesetz auch bei Nutzung von urheberrechtlich geschützten Werken nicht gefordert wird.
DurchfVO:
§ 36 (Zu § 51 URG)
(1) Unter den Schutz der Abbildungen und veranschaulichender Mittel fallen auch die nicht als künstlerische oder wissenschaftliche Schöpfungen anzusehenden
- Textbilder (Illustrationen),
- geographische, topographische Abbildungen, Skizzen,
- architektonische, für Ingenieure bestimmte und sonstige technische oder Konstruktionspläne, Zeichnungen und Skizzen,

- plastische Anschauungsmittel (Makette, Reliefbilder, Modelle),
- Fachphotos und -filme.

(2) Hinsichtlich Nutzung der in Erfüllung einer zum Arbeitskreis gehörenden Verpflichtung verfertigten Photos, Abbildungen und sonstigen Anschauungsmittel sind auch die Bestimmungen des § 14 URG anzuwenden.

Vierter Teil

XIII. Abschnitt
Folgen der Verletzung des Urheberrechts

§ 52

(1) Im Falle der Verletzung seiner Rechte kann der Urheber – je nach den Umständen – folgende zivilrechtliche Ansprüche stellen:

a) er kann die gerichtliche Feststellung der erfolgten Rechtsverletzung verlangen;
b) er kann das Aufhören mit der rechtsverletzenden Handlung und die Aufforderung des Rechtsverletzers zur Unterlassung weiterer Rechtsverletzungen verlangen;
c) er kann verlangen, daß der Rechtsverletzer ihm – durch Erklärung oder auf andere geeignete Weise – Genugtuung gibt und wenn nötig, daß dieser Genugtuung seitens des Rechtsverletzers und auf seine Kosten entsprechende Öffentlichkeit gesichert wird;
d) er kann die Beseitigung der Beeinträchtigung, die Wiederherstellung der ursprünglichen Lage durch den Rechtsverletzer oder auf seine Kosten, weiters die Vernichtung der durch die Rechtsverletzung entstandenen Sache bzw. die Beseitigung der rechtsverletzenden Eigenschaft derselben verlangen.

(2) Wenn die Verletzung des Urheberrechts auch Vermögensschaden verursacht hat, so ist entsprechend den Bestimmungen über die zivilrechtliche Haftung Schadenersatz zu leisten.

§ 53

(1) Bei unberechtigter Nutzung des Werks hat der Urheber Anspruch auf die bei rechtsmäßiger Nutzung zu zahlende Vergütung.

(2) Ist die Rechtsverletzung vom Nutzer verschuldet so muß ihm über die dem Urheber zustehende Vergütung und den Schadenersatz hinaus auch ein, der Urhebervergütung entsprechender Betrag als Buße auferlegt

werden. Diesen Betrag kann das Gericht nur auf Grund von Billigung verdienenden Umständen ermäßigen.

DurchfVO:

§ 37 (Zu § 53 Absatz 2 URG)

Die vom Gericht auferlegte Buße muß auf das Konto des Ministeriums für Bildungswesen Nr. 232-90173-9578, Namens „Zentraler Kultureller Fonds Abwicklungskonto" einbezahlt werden. Die einbezahlte Buße wird vom Minister für Bildungswesen zur Förderung der Kultur und zu Wohlstandszwecken der Urheber aufgewandt.

§ 54

Die Verfügungen der §§ 52 bis 53 sind entsprechend auch bei Verletzung der Bestimmungen der Abschnitte XI bis XII anzuwenden.

XIV. Abschnitt
Schlußbestimmungen
Körperschaft urheberrechtlicher Sachverständigen

§ 55

(1) In Fachfragen, die sich aus urheberrechtlichen Streitfällen ergeben, können die Gerichte und andere Behörden die unter der Aufsicht des Ministers für Bildungswesen organisierte Körperschaft von Sachverständigen um Fachgutachten ersuchen.

(2) Organisation und Tätigkeit der Körperschaft wird – im Einvernehmen mit dem Justizminister – vom Minister für Bildungswesen geregelt.

DurchfVO:

§ 38 (Zu § 55 Absatz 2 URG)

(1) Die Mitglieder der Körperschaft urheberrechtlicher Sachverständigen werden vom Minister für Bildungswesen aus den Mitgliedern der wissenschaftlichen Institutionen, der künstlerischen Verbände und sonstiger interessierter Organisationen auf Grund der Vorschläge dieser und ihrer Aufsichtsbehörde, weiters aus der Reihe sich mit Urheberrecht befassender theoretischer und praktischer Fachleute ernannt. Der Minister für Bildungswesen ernennt auch den Präsidenten der Körperschaft und auch die Mitglieder ihres Präsidiums.

(2) Die Administration der Körperschaft urheberrechtlicher Sachverständigen wird vom Büro zur Wahrung der Urheberrechte versehen.

(3) Die Körperschaft urheberrechtlicher Sachverständigen bringt sein

Fachgutachten im Rat von 3 oder 5 Mitgliedern mit Stimmenmehrheit. Zur Ergänzung des schriftlichen Fachgutachtens kann das Gericht den Vorsitzenden des Rates und wenn nötig, die in der Meinungsgestaltung teilnehmenden Ratmitglieder vorladen.
(4) Auf Ersuchen der Parteien kann die Körperschaft urheberrechtlicher Sachverständigen ihre Meinung in Fragen im Zusammenhang mit der Ausübung des Nutzungsrechtes auch außer Prozeß äußern.
(5) Sonstige Fragen der Organisation und Tätigkeit der Körperschaft urheberrechtlicher Sachverständigen werden durch die vom Minister für Bildungswesen erlassene Satzung geregelt.

Inkrafttreten, Durchführung

§ 56

(1) Dieses Gesetz tritt am 1. Januar 1970 in Kraft. Seine Bestimmungen sind auch auf die zur Zeit seines Inkrafttretens gemäß den früheren Rechtsverordnungen unter urheberrechtlichem Schutz stehenden Werke anzuwenden. Die vor seinem Inkrafttreten entstandenen Nutzungsverträge werden vom Gesetz nicht berührt.
(2) Das Gesetz Nr. LIV vom Jahre 1921 über das Urheberrecht, die Verordnung Nr. 98/1951 / 21. 4 / MT. über die Herausgabe von Schriftwerken, Absatz 1 des § 5 der Gesetzesverordnung Nr. 13 aus 1955 über Programme darbietende Aufführungen, als auch die §§ 515 bis 520, 524, 528 bis 531 und 533 des Handelsgesetzes (Gesetz Nr. XXXVII vom Jahre 1875) treten außer Kraft.
(3) Für die Durchführung dieses Gesetzes wird die Regierung durch den Minister für Bildungswesen sorgen, der in diesem Zusammenhang die in dem Gesetz nicht geregelten Bedingungen der Nutzungsverträge, wie auch den Ausmaß der Urhebervergütungen und der auf Grund dieses Gesetzes gebührenden sonstigen Vergütungen durch Verordnung festsetzen kann.

Pál Losonczi	**Lajos Cseterki**
Vorsitzender	Sekretär
des Präsidialrates	des Präsidialrates
der Volksrepublik	der Volksrepublik

DurchfVO:

§ 39 (Zu § 56 Absatz 3 URG)

Der Betrag der Urhebergebühr wird mangels abweichender Regelung durch Rechtsvorschrift von den vertragschließenden Parteien festgesetzt. Für Fälle, wo das Radio und Fernsehen berechtigt sind ein Musikwerk gegen Entgelt ohne die Zustimmung des Urhebers zu nutzen, wird der Vertrag hinsichtlich des Betrages der Urhebergebühr nach Musikwerken, mit dem Ungarischen Radio und Fernsehen in Vertretung der Komponisten und Textautoren vom Büro für Urheberrechte abgeschlossen (§§ 22 und 23 URG).

§ 40

(1) Diese Verordnung tritt am 1. Januar 1970 in Kraft; von den Bestimmungen laut § 7 Absatz 2, § 11 Absatz 1 und 3, § 12, § 23, § 30 Absatz 2, § 33 Absatz 1, § 34 Absatz 1 und § 35 Absatz 1 und 3 dieser Verordnung kann zu Lasten des Urhebers nicht abgewichen werden.

(2) Mit dem Inkrafttreten dieser Verordnung wird die betreffend das Verfahren hinsichtlich des im Gesetz Nr. LIV vom Jahre 1921 über das Urheberrecht geregelten Eintragung erlassene Verordnung Nr. 58230/1922 / III. 7 / KM, weiters die diese abändernde Verordnung Nr. 44348/1933 / VII. 27 / KM außer Kraft gesetzt.

gez. Pál Ilku
Minister für Bildungswesen

FSC
www.fsc.org
MIX
Papier | Fördert gute Waldnutzung
FSC® C083411

Kolibri 360 GmbH
Ferdinand-Jühlke-Straße 7
99095 Erfurt, Deutschland
produktsicherheit@kolibri360.de